英语教学与班级管理实践探索

李缘◎著

中国民族文化出版社
北京

图书在版编目（CIP）数据

英语教学与班级管理实践探索/李缘著.—北京：中国民族文化出版社有限公司，2023.7
ISBN 978-7-5122-1699-0

Ⅰ.①英… Ⅱ.①李… Ⅲ.①英语课—教学研究—初中②初中—班级—学校管理 Ⅳ.① G633.412 ② G632.421

中国国家版本馆 CIP 数据核字（2023）第 121508 号

英语教学与班级管理实践探索
YINGYU JIAOXUE YU BANJI GUANLI SHIJIAN TANSUO

作　　者	李　缘
责任编辑	何敬茹
责任校对	王　品
出版者	中国民族文化出版社　地址：北京市东城区和平里北街 14 号 邮编：100013　联系电话：010-84250639　64211754（传真）
印　　装	三河市龙大印装有限公司
开　　本	710mm×1000mm　16 开
印　　张	9.75
字　　数	120 千
版　　次	2023 年 7 月第 1 版第 1 次印刷
标准书号	ISBN 978-7-5122-1699-0
定　　价	45.00 元

版权所有　侵权必究

前言 preface

我一直以来就信奉：不能延长自己生命的长度，就拓宽生命的宽度。因此，我总会千方百计地延长自己心灵的长度与宽度，与善良同行，与美德同行，努力走入孩子的世界，丰富课堂教学方式，一步一个脚印在践行一名英语教师兼班主任的职责。在工作之余，我不断"充电"，提升自己的专业水平，不仅先后在沈阳师范大学英语系、辽宁师范大学对外汉语系进修本科知识，还考了雅思，并通过自己的努力参加了全国中小学外语教学名师高级研修班学习，获得"辽宁省学科带头人"称号。

在工作之余不断反思，我把自己的心得和经验加以整理，写出了多篇论文。本书是短论集，包括了我已发表的部分论文，以及我写出来但尚未发表的许多小短文。为了让读者更清楚地阅读和理解本书，我将本书分为两大部分：英语教学和班级管理。本书既有教学创新之法，又有班级管理中对后进生的管理窍门等内容，均为我在多年教学和班级管理实践中摸索和总结出来的。由于我的笔力有限，所写不过我的浅知拙见，还望同仁们指正！

目录 contents

第一章　英语教学

第一节　关于英语新教材备课的建议……………………………………003

第二节　英语视听说课程的校本开发研究………………………………008

第三节　浅谈如何在英语教学中渗透德育………………………………012

第四节　如何运用交际法激发学生学习英语的兴趣……………………016

第五节　浅谈英语三位一体教学法中的语音教学………………………020

第六节　切莫忽视英语语音教学…………………………………………025

第七节　如何让学生记住英语单词………………………………………028

第八节　挖掘英语教学中单词的归类对比法……………………………032

第九节　浅析英语阅读教学法……………………………………………035

第十节　如何培养英语语感………………………………………………042

第十一节　抓英语早读的意义……………………………………………044

第十二节　论角色扮演教学法在英语课堂中的应用……………………046

第十三节　如何激发后进生学英语的兴趣………………………………053

第十四节　浅谈英语教学中的师生关系…………………………………056

第十五节　中学英语趣味教学漫谈………………………………………060

第十六节　初中英语教学方法之探究…………………………066

第十七节　浅谈初三英语教学……………………………………069

附一　牢记单词有诀窍……………………………………………072

附二　怎样学好英语………………………………………………079

附三　英语学法初探………………………………………………082

第二章　班级管理

第一节　做好班主任工作的五大守则……………………………089

第二节　沟通与自我批评在班会中的意义………………………100

第三节　如何开家长和学生都满意的家长会……………………105

第四节　浅谈青年班主任与家长沟通的艺术……………………108

第五节　召开家长会应注意什么…………………………………112

第六节　提高班主任影响力的几点心得…………………………116

第七节　班主任工作总结…………………………………………119

第八节　师德为本，阳光从业……………………………………122

第九节　如何进行班风建设………………………………………125

第十节　厚爱后进生………………………………………………128

第十一节　付出老师的爱，挖掘学生的美………………………131

第十二节　对特殊生要爱心＋耐心＋细心………………………137

第十三节　如何做学生喜欢的老师………………………………141

第十四节　当好网络时代的班主任………………………………144

第十五节　要用"心"适"度"搞好班级工作……………………147

第一章
英语教学

第一节
关于英语新教材备课的建议

九年义务教育初中英语教材自实施以来，我发现备课中存在一些问题，为了解决问题，我总结出以下四点建议。

一、备课前要钻研教学大纲，通读、熟悉、钻研教材，找出教材的重点、难点和它们之间的内在联系，根据教材内容制定教学目的、教学要求和教学方法

教学大纲是编写教材的依据，是教师进行教学的依据，是学生学习的依据，也是考核的依据。因此，要重视大纲的学习。在钻研教学大纲的基础上通读教材，能增强对教材的理解。只有对教材有较深刻的理解，才能驾驭教材。要理解教材，不能只读一两篇课文或一个单元，必须通读全册教材，有条件时应通读全套教材。不仅通读，还要熟读、钻研教材。只有这样才能掌握教材的重点、难点和它们之间的内在联系。任何知识都不是孤立的，都有它的系统性和连贯性。不了解前后内容的关系，就不能准确地制订出每单元和每篇课文的教学要求，就不能在处理教材时突出重点。

如初中英语教材对音标和拼读规则的教学安排就是一个例子。该教材为了使学生识记单词，共安排了三个循环，由浅入深地把单词与拼读

规则、音标有机地结合起来。第一循环是第 4 单元至第 8 单元；在这一循环中，通过单词中字母的排列，教会学生 5 个元音字母在重读开、闭音节中的读音。第二个循环是第 9 单元至第 16 单元；在这一循环中，老师要教会学生认读 40 个国际音标符号和学会一些拼读规则。第三个循环是第 17 单元至第 29 单元；在这一循环中，通过归纳字母或字母组合的读音，进一步让学生学会一些常用的拼读规则和几个国际音标符号。教师如果注意到教材的这些内容，并在教学过程中充分利用这些材料，教会学生用音、形、义结合的方法记忆单词，不是教学生死背拼读规则，而是教学生在读、记单词时会用拼读规则：看到符合拼读规则的单词，能基本正确地读出来；听到符合拼读规则的单词的读音，能拼出这个单词来。学生具备了把单词的音与形联系起来的能力，再通过图片或实物记词义，记单词的效果就会大大提高。

举个例子。在初中英语第 1 册第 65 课有"Could I have a full one, please？"的句子，第 66 课有"Could you help me, please？"的句子，第 69 课有"What do you want？I don't want to put it away."的句子，第 71 课有"Do you have a knife？"的句子，第 73 课有"Do you like it？"的句子。以上这些句子无论从功能的角度，还是从语言结构的角度看，都是学生应当掌握的重点，但为什么教师用书把它们定为"三会"呢？如果我们仔细钻研教材就会发现，这些句型在后面的课文里将不断出现，现阶段只要求"三会"，是符合认识规律的。如果不了解教材的内容，把上面这些句子定为当堂必须达到"四会"掌握的内容，不仅在课上练，而且还要留一定量的家庭作业，就会加重学生负担，教学就没有抓住重点。由此看来，哪些要求"四会"，哪些要求"三会"，哪些要求"两会"或"一会"，教师在备课时应做到心中有数。

二、备课时不要受课次顺序的限制，而要把一个单元作为一个整体考虑

按单元备课比按课次顺序备课更可以突出重点，对重点练习的机会会更多，不仅节省了时间，而且还能够通过多练达到熟练掌握。以第1册第15单元为例，这个单元是学"时间表达法"和"在什么时间做什么事"的句型。如果按书上的课次顺序教，学生在第一节课上接触不到时间表达法，到第二、三节课才能学到这个内容，而第四节课是单元复习课，课文里也没有再出现"现在是几点几分"这类句子。是用两节课的时间学、练时间表达法呢，还是把这个内容分散在四节课的时间学？当然用四课时学生会练得更熟。因此，我认为重新安排一下每节课的内容比较好。要学时间表达法，首先要记熟数词，尤其是1—60的英语数词。所以我认为第一节课先学第57课的数词，然后学第58课第二部分"What's the time？ It's..."的句型。第一节课让学生把这两部分内容学熟；第二节课先用一点儿时间复习第一节课所学内容，再学第59课的歌，这样通过这首歌可以巩固"It's time to do something"这个句型；第三节先复习第一、二节课所学内容，再学第57课第一部分和第58课第一部分的内容，这三小段是互相关联的，学完还可以让学生用学到的英文句型进行英语表演。学完这三小段，再学第58课第三部分和第59课第一部分的内容，学完也让学生用学到的英文句型进行英语表演。如时间不够，这两个英语表演练习都可以留到第四节课做。第四节课学第60课的第一和第二部分的内容，最后做第59课的游戏BINGO。

再举一个例子。第1册第85课学习现在进行时的"What are you doing？ I'm doing..."这两个句型，而"He's doing..."和"She's doing..."是下一节课的内容，教师在教第85课时可以在学生初步掌握"What are you doing？ I'm doing..."这两个句型以后，即将"What's he/she doing？

He/She is doing…"介绍给学生。因为学生对"I'm…""You're…""He's/She's…"这类句型掌握得好,所以他们学"He/She is doing…"不会有困难。这样,教师问学生:"What are you doing?"学生回答以后,教师可以再问学生:"What's he/she doing?"学生之间也可以这样互问、互答。这样把下一课的部分内容提前介绍给学生,不仅使学生有更多练习的机会,而且几个人在一起练,课堂会活泼,多变化,更便于交际。事实证明,只有课备得具体翔实,课堂上才能教得娴熟自如。

三、备课时应根据学习的一般规律和学习英语的特殊规律考虑教法

学习的过程就是认识问题的过程,它包括从不知到知、到会、到熟练掌握几个步骤。人们认识问题一般是由浅入深、由近及远、由表及里、由简单到复杂,逐步发展和提高的,因此在教学过程中教师不应超越学生现阶段的认识能力和学习过程。在教学中常用旧单词引出新句型、用旧句型引出新单词,这个做法是符合学生的认识规律的。有的教师喜欢把生词写在小黑板上,一个一个地带读,带着拼,这种方法不大好。因为孤立地记单词是难以记住的,即使一时记住了,到头来还是不会用。教师应该把单词放在上下文的句子里教,这样不但容易记,而且记住以后也会用。教学中要重视第一次感知。感知印象是否深刻,关键在于学生在感知过程中是否处于积极思维状态。在学习过程中,多种感官的协同活动,是提高识记效果的一个重要手段。教师在教新单词、句子或课文过程中使用实物和图片,使学生边看实物或图片,边听教师说这个单词和句子,边想词义、单词的拼写形式或句义,边说或边写这些单词。这样眼看、耳听、脑想、口说、手写,几种动作有机配合、协调活动,就能大大提高识记效果。

心理学家经过实验研究证明,遗忘的速度是先快后慢,先多后少。

根据这个规律，为了防止遗忘现象的发生，最根本的办法就是及时复习。结合新单词复习旧单词、结合新句型复习旧句型、结合新内容复习旧内容等，都是常用的一些教法。当学到一个新单词时，教师可以要求学生一个一个地说出、拼出已学过的与这个新单词有关的一串单词。当学生在课堂上你一个我一个地拼读这些单词时，他们的学习兴趣会很浓。这样做既起到复习作用，又形成一种无形的竞争气氛，课上花的时间少，学生在没有压力的情况下进行经常性的复习，效果是显著的。

四、备课时应考虑学生的思想实际和学习实际，在充分了解学生的基础上考虑教法

备课包括两个方面的工作：一方面是钻研教材，一方面是了解学生。从某种意义上讲，了解学生比钻研教材更难，因为教材是固定了的，而学生的思想是经常变化的，并且直接影响着学生的学习情绪。此外，学生的学习基础、学习方法、学习习惯都直接影响着他们的学习。教师如不注意这一点，就难免犯主观主义的错误。此外，配合这套教材有一本写得很详细的教师用书。这本教师用书是供教师们备课时参考用的，切不可原封不动地照搬教师用书的每个教学步骤、教学环节、每项练习内容。因为教师用书的编写者不可能考虑所有学生的情况，而作为教师应在备课、教学过程中考虑自己的全部学生，这样才能有的放矢地进行教学。因此，教师一定要结合班上的学生实际情况使用教师用书，不可以因为有了教师用书就可以不备课，那样做将会给教学带来不良后果。

总之，备课是教学过程中必不可少的重要环节，并非轻而易举的事情，上好一节好课更是难上加难。然而，只要我们认真学习新大纲，钻研教材，了解学生，掌握教法，认真备课，就能呈现给学生优质课。

第二节
英语视听说课程的校本开发研究

英语视听说课程在教学中是重点也是难点，它不仅需要学生具有较好的英语基础水平，还要求学生有一定的口语交际能力。因此，学校在对这门课程规划时要考虑学科特点和学生的实际能力。这门课程的校本开发研究过程一定要科学，要坚持循序渐进的原则。对这门课程的校本开发研究分三个方面：生成课程文本、建设开放的网络课程、评价英语校本课程活动课。

一、生成课程文本

在汉语教学中，老师会选择几个不同题材的经典诗词，让学生去理解、对比、总结和归纳，从而创造出新的想法，这就产生了新的课程文本。文本（英文为 text）这个词最早出现在西方，其可长可短，或为一句话，或为一篇文章，是我们学习和研究的对象。

我们从英语视听说简单介绍一下文本。在授课过程中，教师通过播放电影的方式让学生学习。在这个过程中，引导学生从视觉、听觉以及从电影中体会表达情感这三个方面完成对本门课程的学习。在视听说课程中，学生是学习的主体，而老师只是引导者。如果我们将这门课程作为探讨的重点文本，那么试想，这个文本想要达到的目的是什么呢？

实际上，在英语教学和学习中，最重要的是老师、学生和内容（即文本）之间的结合互动，在这个关系中突出的是人和人的交流。我们对这门课程的校本开发研究前要做好调查研究工作，比如通过分析学习者的兴趣和课程资源将其分为几大类，有娱乐、政治、文学等。根据这些内容，划分小组讨论、选题、搜集材料等，提前做好准备。

二、建设开放的网络课程

随着科技的进步，我们现在的授课方式多采用多媒体，即在课堂上教师利用多媒体使课程更加形象生动，吸引学生，调动他们的兴趣。之前课堂上教师只是单纯地利用黑板、课本完成讲解，这使学生感到极其枯燥，并且难以与实际生活相联系。互联网科技的加入给我们的课堂注入了一股新的活力，课本上毫无生机的字母、图画通过电脑处理，可以PPT或视频的方式呈现在课堂上，课堂教学变得生动有趣，从而为学生营造了活跃的学习氛围。

迄今为止，我校已经实现了多媒体的覆盖教学。在网络课程中，我们实现了资源共享的目标，可以快捷地检索，使学生在学习过程中突破了时空的界限，甚至可自动检查学生的学习效果，不比课堂上老师监督所起的效果差。

三、评价英语校本课程活动课

为了提高我国教育竞争力，教育部提出了《义务教育课程方案和课程标准（2022年版）》，倡导培养德智体美劳全面发展的学生。为了执行这一标准，英语视听说课程的校本开发研究已经在有序进行。之前单纯以卷面成绩为主要评价方式的时代已经过去，在新的时代背景下，要求

学生能够将所学知识运用到生产生活中去。因此，目标不同，评价标准自然就会有所差别。

除了课堂的表现情况外，我们还把对学生的小组活动的评估，作为评价的标准之一。比如，学生参与活动的积极程度，还有在小组活动中能否完成个人的任务，是否对其他成员提供了帮助，在英语的口语、听力、表达方面有无提高。根据学生的参与情况，对学生进行评价，而评价较高的学生必须具备以下几点：能积极加入到小组活动中去，对老师提出的问题流利回答，在讨论演讲等过程中能在听力、视觉观察、口语表达等方面表现优秀。对成绩中等的同学要求如下：在组织小组活动时积极参与，即便不能很准确地回答问题和用英语进行流利的口头交流，但要在熟悉内容之后正确朗读或者表达。教师会根据学生的回答情况作综合测评，将笔试打分及活动评分之后的成绩进行汇总，最终给出最客观的评价。学生根据老师的评价做出相应的学习侧重点调整，培养自主学习的能力。

结语

在日益激烈的教育竞争下，学校应顺应国家《义务教育课程方案和课程标准（2022年版）》的要求，积极推进英语视听说课程的校本开发研究。这一举措有利于培养适合社会发展的应用型人才，也为广大学生日后更加深入地学习英语奠定坚实的基础。学校在制订规划的过程中要顺应当前社会的需求和学生的发展需要，选择适合自身发展的英语视听说模式，这也正是校本课程改革的重点内容。在学校的众多科目中，加大对英语视听说课程资源的投入力度，逐渐形成语数外等学科齐头并进的学校文化，注重培养对英语感兴趣的学习者，让他们尽可能多的得到课内课外的知识及指导。

此外，在英语视听说课程的校本开发研究过程中，我们要创设适合学生发展的跨语言环境。跨知识导向是英语学习中的关键一步，只有真正了解本民族的文化，才有可能将西方文化的精髓吸收并加以运用。

教师作为文化的传播者，要将自身的能力投入到校本课程开发的研究中去，实现自身价值，共同为实现校本开发，建成具有自身特色的视听说课程新模式而奋斗，为我国教育产业的改革和发展奉献萤火之光。

第三节
浅谈如何在英语教学中渗透德育

赫尔巴特认为:"教学中如果没有进行德育渗透,只是一种没有目的的手段,道德教育(或称品格教育)如果没有教学,就是一种失去了手段的目的。"《义务教育英语课程标准》提出,英语课程要面向全体学生,注重素质教育。小学英语教学是小学教育的重要组成部分,在激发和培养学生学习英语的兴趣的同时,也要对学生进行正确的道德观念和真、善、美的熏陶,从而培养学生正确的世界观、人生观和良好的道德品质,为他们的终身学习和发展打下良好的基础。那么,如何在英语学科教育中实施德育教学呢?

一、注重学生的爱国主义教育

爱国主义是中华民族传统美德,是德育的一个永恒主题,也是德育教育的基本内容。在目前的小学英语教材中,有中国和所学语言国家的文化、历史、地理、科技、政治、文化礼仪、习俗风貌等知识。教师可以根据具体的教学内容很自然地对学生进行爱国主义教育。如在学习 motherland(祖国)这个单词时,教师可以先教 land(土地)这个单词,然后让学生说出早已学过的 mother(母亲)这个单词。教师可以启发学生:"我们中国人常把什么比作母亲?"这样教师不用过多的说教,无需过多使用我们的母语，就能使学生通过学习这个单词，感受到把祖国比作母亲是世界各国人民热爱自己国家的情感表现，在潜移默化之中使学生热爱祖国的情感得到升华。在教 Christmas（圣诞节）这个单词时，除指导学生了解圣诞节的相关文化背景外，教师也向学生讲解我们中国的春节、中秋节等传统节日，让学生了解我们的传统节日拥有丰富的内涵，有着重要的纪念意义，从而更深刻地理解我国的悠久历史和优秀的文化传统，激发学生的民族自豪感和爱国精神。

二、运用情感教育培养学生关爱他人的良好道德品质

作为教育者，教育学生如何去关爱他人是义不容辞的责任。因此，教师在日常教学活动中，可利用丰富多彩的课外活动有目的、有计划地引导学生关爱家人和他人。这样，不但可以激发学生对英语的兴趣，而且能让学生得到良好道德情感的熏陶。如在教师节，引导学生动手制作贺卡，并写上祝福语："Happy Teacher's Day！"（教师节愉快！）；在母亲节、父亲节更可写上："I love you, mom." "You are the best father in the world！"（我爱你，妈妈。你是世界上最好的爸爸！）还可以根据学校实际情况，安排学生进行情境表演、排演儿童剧目等。如在学习"What's wrong with you？"时，设计病人在医院看病的情景。如此种种，不但培养了学生的动手能力、交际能力和想象力，而且还能促进形成尊敬师长、关爱他人的道德品质及对美好事物的认知情感。

三、注意学生道德文明和礼仪的教育

在多年的小学英语教学中，我善于找好德育的切入点和结合点，作自然的渗透。例如，"Good morning！" "How are you？" "Hello！" "Nice to meet you！""Thank you！""Sorry."等表示问候、礼貌的英语句子，是学生学习英语最初接触的内容。在教学及日常交往中应不失时机地对学生进行文明礼貌教育，创设真实的语言情境，从而使学生学会自然地在英语中使用礼貌用语。例如，"Thank you."（谢谢你）这一常用的礼貌用语，在教学上教师应侧重于培养学生使用这一用语的良好习惯，并时刻加以提醒：接受别人的帮助时，要说"Thank you."；接受别人的赞美时，要说"Thank you."；接受别人的礼物时，也要说"Thank you."。在给人添麻烦时要说"Excuse me."；别人有困难时主动询问"Can I help you？"，别人诚心道歉时也不忘道声"That's ok."。由此，学生们在情境表演中养成讲礼貌的习惯，并知道做错了事应该诚恳道歉，从而逐步养成理解他人、关心他人的良好品质。

四、激发学生积极的学习兴趣，培养学生良好的学习习惯

加强小学英语教学的活动是培养学生学习英语兴趣的行之有效的方法。通过游戏、唱歌、比赛、表演等教学形式，把学生的认知活动与情感体验巧妙地结合起来，同时也是向学生进行道德品质教育的极好机会。小学生的竞争意识比较强，尤其体现在团队荣誉上。教师可以组织男女生或小组间竞赛，练习或复习英语知识。如我在教学 Let's act 部分，巩固对话环节时，采用四人一组合作的形式进行会话表演。最后进行全班大汇演，评出最佳小组。获得最佳小组的，可为本组赢得十分。为了共同的目标，学生们个个积极准备，然后投入比赛。谁说错了及时指正，不会说了虚心请教，他们一遍遍不厌其烦地排练。在这种有竞争、有合作的形式中，在为集体争取荣誉的过程中，每个学生都尽力提高自己的表演水平，强烈的热爱集体之情溢于言表。用小组合作的方式不仅可以培养他们的合作精神和实际运用语言的能力，还增强了他们的集体荣

誉感。

习惯对一个人性格的形成、能力的发展等都具有特别重要的作用。教师帮助学生养成良好的学习习惯，不仅对他们学习英语终生有益，而且还在客观程度上影响着其内在品格的发展。在英语课堂上引导学生养成认真倾听的习惯；在课堂内外的交流中教师要鼓励学生大胆发言，声音响亮，表达清晰流畅，语调和谐自然，同时注意加强对学生拼读单词的习惯和能力的培养。

英语学科教学中的德育重在渗透。在我们的教材中还有许多生动鲜活、值得我们去挖掘的德育素材。在今后的教学中，我们应当努力挖掘英语教材中丰富的德育资源，通过内容丰富的教学活动使学生在学习知识的同时，不知不觉地养成良好的学习习惯和行为规范，为国家培养更多的德才兼备的人才，更好地适应现代化的发展需要。

第四节
如何运用交际法激发学生学习英语的兴趣

现代教学已经定位于素质教育，而英语教学中的交际活动尤其能体现真正意义上的素质教育。素质教育强调在我们的教学中要让所有的学生都得到发展，让我们的学生生动活泼地全面发展。它强调活动性与实践性，指出素质只有在活动中才能形成，也只有在活动中才能实现。从小学生的生理和心理发展特点来看，他们正处于语言习得的初级阶段，模仿能力极强，又好动、好奇，他们很容易兴奋和活跃，因此交际法在小学英语教学中的使用将让英语学习变得轻松、有趣，让英语课堂"生色"。

要在英语教学的课堂中展开交际活动就必须创设更多尽量真实的情景，这样才能把学生的情绪调动起来，融入交际情景中去，充分表现出他们的交际能力，这时再加上教师的引导和帮助，交际教学便可水到渠成。在情景的创设方面，有很多的方法可以借鉴，下面试举四方面加以说明。

一、角色扮演

角色扮演活动经常被认为是在课堂教学上综合运用语言技能的最有效的方法之一。对于小学生，这是他们最喜欢的游戏和学习方式。只要他们有了扮演的欲望，在老师的指点之下，交际过程便能完全展示出来。儿童喜欢扮演角色，喜欢表现自己，认为表演可赢得别人的赞扬，当表现欲得到满足时会更加努力地开展英语口语交际活动，并且乐此不疲。英语教科书中很多的对话都是与学生的实际生活紧密联系的。让学生戴上头饰之后扮演不同的角色，再来模仿他们的对话，就会让课堂气氛十分活跃，同时也体现了真实的交际。

如小学英语第四册中有关于购物的内容，据此可以让学生分成四大组进行角色表演。学生自己创设超市或菜场购物的情景，并且分别扮演营业员、顾客等角色，运用所学句子"Can I help you？""What do you want？""How much...？"等进行口语交际。这样，学生在逼真的情景中进行角色扮演，锻炼了各自的口语交际能力。又如学习了小学英语第三册第五单元 Tom's Family 后，让学生四人一组根据话题 A Photo of Your Family 讨论，并用自己所学的句型"Who is...？""What's...？"等进行交际。这样表达能力差的学生就能从表达能力好的学生那里获得帮助，提高自己的表达能力。表达能力好的学生也能锻炼自己的能力，并获得成就感。这种活动不仅可以有效地增加学生运用所学语言的频次，还能够培养学生在群体中与他人合作的能力。成功的小组活动会使全班气氛热烈，学生兴趣浓厚，常常下课了他们仍觉意犹未尽。

二、利用教室中的物品

教师教学的场所主要就是在教室里，这是学生们最为熟悉的地方。在这里发生的事情将会引起他们极大的关注，也最容易让学生参与到其中来，因此教师可以利用这一天然的教具很好地进行交际情景创设。例如：在进行小学五年级英语上册第五单元 My New Room 的教学时，在课前将学生的作业本放在几个不同的地方。上课之后，没有收到作业本的

同学就会发问了，这时教师教给他们英语句型"Where is my book？"，然后用它去交际，问其他的同学。老师扮演 Mr. Known，分别用介词 in、on、over、near、behind 等告诉他们位置让他们去找。这样很容易就进行了实际的语言交际，完成了教学目标。

三、运用游戏

游戏教学的运用也是小学英语教学中用得最多的教学方法之一。在游戏中学生通过不同的任务和交际需要练习了不同的英语句型，同时各方面的能力也都会相应地得到锻炼，这也是学生最喜欢的学习方式之一。教师在教学中设计各种游戏来创设情景，让学生参与其中。例如：在小学六年级英语上册第一单元 *How Do You Go There* 教学之后，开展一个小组调查活动，运用刚学的句型"How do you go to school？""I go to school（by bus）…"四人小组完成调查表。这样，学生进行了小组协调合作之后，不但进行了英语交流，还了解了相应的信息，提高很大。

四、英语活动

语言的社会功能是作为交际工具为社会上各项交际活动服务。服务于社会交际活动是语言最本质的功能。只靠课堂的 45 分钟是远远不够的，因此我和其他老师还精心组织了丰富多彩的活动，如"给孩子一个英文名字""校英语风采大赛""校英语歌曲表演""英语动画片观看"等。在这一系列活动中，学生兴趣盎然，踊跃参加，拓宽了知识面的同时丰富了课内外知识，又提高了语言能力、演讲能力、表演能力，展示了英语学习的成效，并在校内形成了浓厚的英语学习氛围。

学生对英语的学习兴趣有一个由浓到淡的过程。低年级学生的英语学习任务轻，学习形式活泼，学生的学习兴趣浓厚；到了中年级，特别是高年级，随着学习任务的加重，学习要求的提高，学习兴趣逐渐变淡。"如何保持学生的学习兴趣"一直是老师们思考的问题。通过课题研究和几年教学实践，我们发现：由于学生参与表演活动或竞赛活动，学生的学习兴趣保持了下来，特别是高年级学生。他们不仅保持了学习兴趣，还将这种兴趣逐渐扩展。在表演的组织、排演阶段，学生和老师一起选材、组合、练习、排演，不仅学到了新的英语知识、提高了语言技能、增强了信心，还发展了组织能力、合作能力、表演能力，家长看到了学生的进步与成绩，也对学生参加表演活动由不理解转为理解和支持。

交际法现在已经为广大教师普遍采用。在教学中，教学活动应该为学习者提供运用语言的机会，教师应该努力使活动合乎学生的兴趣，从而保持他们学习的积极性。在小学英语教学中应加强交际法教学的运用，让小学生学会运用英语交流，让小学英语的课堂真正活跃起来。

总之，建构活动式的英语课堂，活跃了课堂教学气氛，拉近了课堂与生活的距离，学生在类似生活的情景中学习英语会感到轻松愉快，学生听说英语的整体素质也得到了较快的提高。

第五节
浅谈英语三位一体教学法中的语音教学

英语作为一门语言学科，其最本质的东西便是语音，语音是语言三要素之一，它是整个语言学习的基础。语音教学是小学英语教学中最重要的一个内容，始终贯穿于英语课堂教学之中。英语教师必须把语音教学放在一个重要的位置，语音的准确程度将会影响学生的英语学习水平。在小学英语入门教学阶段，应紧紧抓住教材，从语言交际、情景对话入手，并结合马承先生创造的"字母、音素和音标'三位一体'"教学法进行教学，严格按照"听说在先，督学紧跟"的原则搞好入门阶段的英语教学尤其是语音教学。小学阶段是完全能把语音学好的。让学生形成正确的语感，拥有良好的发音习惯和有效的学习策略是语音教学的一个重要方面。

小学生学习语音有很大的优势，因为他们大胆好奇，不怕出错，善于模仿，机械记忆能力强。生理学和心理学研究表明，儿童阶段是人类学习语言的关键期。儿童对任何语言都具有较强的敏感性，他们的语言感受力强，模仿能力强，具有可塑性。因此，在小学英语教学中，语音教学从一开始就要受到特别重视。

语音教学的主要方法有以下五种。

一、多模仿少讲解

低年级学生对语音很敏感，模仿又是他们的长项。因此，教师要适时要求学生将已听清楚、听明白、听懂、听够了的东西模仿出来，每学一个新的单词都要及时让他们重复练习。通过练习，既提高他们听觉的感受性，使之辨别出语音的细小变化，区别正确的和错误的发音，又能牢固地掌握词的发音。模仿实际上是机械记忆的开始，因此模仿的过程就是提高记忆能力的过程。只有通过模仿，狠抓练习，才能培养学生良好的听音、辨音和发音的能力。语音教学的一个重要内容就是音标教学，而音标教学又是枯燥乏味的，如何使学生对音标学习产生兴趣呢？英国的儿童英语教育专家彼得·斯特雷文斯（Peter Strevens）认为，在语音教学中"模仿、训练、讲解"很重要。"首先，教师应该鼓励学生模仿，不要浪费时间解释，在多数情况下直接的模仿就能满足需要。在模仿有困难的时候，进行语音训练，利用一些有针对性的语音材料，反复操练。"加拿大的儿童英语教育专家汉斯·施特恩（Hans H. Stern）也强调模仿的重要性。他认为语音教学应该是个连续体，即"暴露—模仿—训练—讲解"的过程。"暴露是指教师向学生呈现真实的语音材料，这种真实的语音材料可能是一种没有引导说明的录音材料，也可能是一种自然的语言场景。"

在学生模仿练习时，应注意以下几点：

（1）模仿应先集体后个别，先低声后高声，或高声、低声交替进行。

（2）在听得清、发得准音的基础上，借用所学单词在理解的基础上多次练习。

（3）模仿练习的方式方法要多样化，避免枯燥乏味。对小学生最好运用游戏方法，效果比较好。

（4）教师对学生模仿练习时出现的缺点，要及时指导、纠正。对学

生错误的发音，不要重复，不要给予强化，以免引起错误的模仿。

（5）对个别沉默寡言的学生，教师要多和他交流，加强个别指导，使他对学习英语充满信心。

二、以听为切入点，听练结合

语音教学中，听音是不可或缺的部分。胡春洞认为，听是语音教学的根本方法。先听音，后开口，以及听清发准，是语音教学的基本步骤。在语音学习中，要求学生模仿性听，即以模仿为主的听，学生要静静地听，同时在心中默默模仿；在听音过程还要进行辨音性听，这样能有针对性地训练学生的辨音能力。当然，语音教学中，光听不行，还要发音操练。在听辨和模仿纯正的语音语调的基础上，反复操练。在语音操练过程中，要使机械、单一、重复和枯燥的语音操练变得多样、有趣，教师需要发挥创造力，具体可以采用以下方法：（1）全班重复、小组重复、按列重复、按排重复、对角线重复与单个学生重复；（2）按座位次序操练和随机点名操练；（3）打开课本操练和合上课本操练；（4）每个学生或小组重复一两次或三次；（5）慢节奏与快节奏操练；（6）中性语调与神秘语调，或调皮语调与得意语调、夸张语调；（7）低音与常音或高音；（8）语音训练与口语训练、听力训练、词汇训练、语法训练相结合；（9）利用语境进行语音训练；（10）利用图片进行语音训练；（11）利用绕口令进行语音训练等。

三、利用英汉对比，进行语音教学

在语音教学中，要充分利用英语语音和汉语拼音间的相似之处，即可以用英汉对比法介绍几个较难的辅音字母 g、r、y、w、h 在单词中的读音，指出它们在英语和汉语中发音的差异，避免学生在学习英语时与汉语语音混淆，此外可利用字母组合法初步介绍字母组合在英语单词中的发音。例如，我们从字母 h 入手，得到了字母组合 ch、sh、th 等的读音。这种以旧带新、以一换十的方法为今后学生学习其他字母组合的发音奠定了基础。至于一些较为复杂的元音字母及其组合、辅音连缀及其组合在单词中读音都可充分运用"三位一体"，并结合对比、解说和图解为饵进行教学。

四、利用音频、视频进行语音教学

语音教学不应是短期活动，而是长期坚持并贯穿于英语学习的全过程。我认为，由于低年级学生的理解能力是有限的，建议首先让学生听字母、单词和句子，从 26 个字母入手，在字母教学阶段培养学生"听"的好习惯，让他们边听边辨别，吸引他们注意听音、看口型，同时进行模仿。而且我还教给孩子们字母操，看学习字母的视频，学生对此很感兴趣。在英语单词教学中，要让学生把整个单词听进去，教师不要教他们这个字母发什么音，那个字母组合发什么音，或字母在这个单词中发音与那个单词中发音如何不同。这些条条框框的东西对理解力尚不健全的小学生来讲，无疑是一种折磨，重点是要从小培养学生的语感。

五、及时纠正和鼓励学生

教师对小学生发音上的缺点要及时指导、纠正，教给他们正确的发音，要耐心认真地正面诱导，并给予鼓励；不能责怪和取笑学生，也不要复述学生的错句，这样会强化错误信息；要抓住时机，鼓励表扬，因为"好表扬"是小学生的一个重要心理特点，鼓励是促进学生进步的重

要手段。尤其是在小学低年级阶段，教师在教学中要随时注意小学生的心理反应，要善于发现学生的闪光点并加以肯定，使学生产生一种愉快的情感体验，有效地支持学生奋发向上，最大限度地调动学生的学习积极性，使他们增强克服困难的勇气，增添对学习的兴趣。

通过一段时间的教学实践证明：以抓语言交际、情景对话入手进行语音教学能够提高学生学习英语的积极性和好奇心，能够培养学生的听说能力，体现了素质教育的要求；综合运用"三位一体"教学法与课本相结合，把音素、音标教学适当提前，能在极短时间内提高学生的入门水平，更重要的是为今后的英语教学铺平道路，扫清障碍。

小学英语语音教学的任务不是让小学生学些语音理论，而是教会小学生运用英语语音的基本知识，发展听、说、读、写的基本技能，培养学生的英语语感以及对听、说的感性认识。在语音教学中，需要进行重复的操练，往往很枯燥，稍不注意就有可能影响学生的学习积极性，导致学生对英语学习产生焦虑感，这就要求教师在语音教学中采用灵活多样的方法，既提高学生发音的准确性，又提高他们学习英语的兴趣。

综上所述，语音教学的好坏直接关系到英语教学的成败。掌握好语音知识是学好英语的基础，是自信地与他人交流的重要保障。在当前普遍重视听说读写能力培养的形势下和英语学习的现实环境下，教师要不断提高自身教学能力和水平，积极探索并进行教学研究和改革创新，在教学中创造性地驾驭教材，真正改变语音教学费时低效和急功近利的现状，使语音教学系统化、多样化、形象化、层次化和长效化。

第六节
切莫忽视英语语音教学

英语的发音问题是初学时的难中之难。发不好音，会给进一步学习英语造成一连串的困难。而国际音标教学就是解决这一难点的关键。因此，在教学中切莫忽视英语语音教学，具体作法如下。

一、多激趣

国际音标很难教又枯燥。如果在教学中穿插些趣味活泼的游戏加快认读，促进记忆，熟练拼读，或将一些紧张而激烈的竞赛活动融入教学中，就能激发学生学习的积极性和兴趣。

1. 认读游戏

学习国际音标如同小学一年级学生学汉语拼音一样，有一个音与形的认识过程。在教学中，可用"比一比，谁的发音最佳"的竞赛使学生集中注意力，也可做些认读游戏，如"快速认读音标卡片计时赛"，出示三四张一组的音标卡片，迅速拿掉，让学生按顺序说出看到了什么……这样在玩玩赛赛中巩固了所教知识，教学效果很好。

2. 听辨音游戏

要培养学生正确的语音，听力反应是相当重要的。听辨音游戏可以是书面练习，如课本上的 Listen and Circle（圈出你所听到的），也可以

利用音标卡片来做"听音举音标排队"等游戏。

二、给拐棍

教国际音标的目的不仅是让学生认识48个音标，更主要的是培养学生使用国际音标的拼读来学习英语的能力。这就需要教师教给他们提高能力的"拐棍"。

第一步：教会学生拼读国际音标

一开始，把国际音标的拼读与汉语拼音相比较，得出"辅音轻，元音重，两音相拼猛一碰"，引导学生进行最简单的拼读。如［t］+［i:］→［ti:］。

学完48个音标后，提出"快认辅音，读出元音，迅速拼出整个音标"法，引导学生认、读、拼结合，提高速度。如［u］→［kud］。

最后要求学生一气呵成，达到"速认，快拼"，一次性读出音标，这样学生的拼读能力不断增强。如［baik］［feis］。

第二步：教学生查英汉词典

在小学一年级第一学期里，教师就要从紧张的教学中抽出一点儿时间，教会学生随时查英汉词典。每次查一两个词，养成习惯。"磨刀不误砍柴工"，学生学会了查词典，如虎添翼，学起来就更加"自由"了。还可利用课堂或课外经常进行查词典比赛，而且在班级里开辟"小词典"栏目，根据课堂教学内容，每周扩展四五个单词。如教日用品，就出recorder、bookshelf等课堂实用物品的单词来查查练练。

三、勤应用

教完48个音标及拼读方法，并不意味着完成了语音教学任务，还不要忽视音标学习成果的巩固，教师要做到严格要求，随时检查，常抓不懈。

在教学中，教师注意经常在复习环节中安插一点儿时间操练音标，防止回生。平时检查读书、背书时教师也要十分重视学生的发音。如学生往往容易长音与短音不分，[æ]与[e]不分；由于方言的影响，学生常把[ʃ]发成[z]等。这就要靠教师经常训练，不断提醒，并及时表扬发音好的学生，形成正确发音的风气。

教是为了不教，学用"拐棍"是为了丢掉它。利用国际音标教学，培养学生学习英语的自学能力，将会使学生受益终生。

第七节
如何让学生记住英语单词

经过研究讨论，在英语教学中，学生普遍感到困难的是记忆单词。为了提高学生的记忆效率，在教学中我对如何让学生又快又好地记住单词做了一些探索。

记单词是学生学英语的一个薄弱环节，只有帮助学生在单位时间内高效率地牢牢记住所学的单词，才能既减轻学生的负担，又提高教学质量。我们要向效率要时间，而不是用时间补效率，这是我们英语教师要致力研究的一个课题。

那么，应该如何在课堂教学中有意识地培养学生记单词的能力呢？

一、学生瞬间记忆训练

教育心理学者研究"痕迹理论"所得出的结论指出："凡是已经识记过的事物都会在大脑组织中以某种形式留下痕迹。"记忆痕迹在脑中的储存分三种情况：瞬间记忆、短时记忆和长时记忆。瞬间记忆储存时间很短，但在记忆过程中占有主要作用。在这个基础上，只要稍经启发，就能引发联想和回忆，转化为长时记忆。因此，在教新单词时，教师应先向学生明确记忆指标。例如，在教新单词时，要求学生在一两分钟内记熟所学的新单词，然后听写；也可以通过抢答或个别提问的方式由老师读单词，学生口头拼写；或是老师讲出单词中文意思，学生读出生词，反之，老师读单词，学生讲出中文意思。学生为了达到要求，能快速记住单词，必然高度集中注意力认真朗读记忆，强力记忆的愿望可以提高记忆的效率。开始只有部分学生达到要求，经过一段时间的训练，基本上每位学生都能按要求完成。即使英语学得不好的学生，在瞬间记忆方面也有了显著改善。这种训练，增加了单位时间内的信息接纳量，提高了记忆效果。

二、多种方式呈现单词，增加刺激渠道和程度，加深感知印象

记忆是靠外界环境对大脑刺激并形成痕迹的，大脑神经受到的刺激越深，记忆的持久性越强。因此，教师在课堂上应尽力使学生对所要记忆的知识形成深刻的印象，为长时记忆打基础；在教学过程中，想方设法用新奇甚至反常的方式呈现新词。这样有助于集中学生的注意力，给学生以强烈的再现刺激，加深感知印象，引起学生兴趣。示范朗读单词的轻重、同化、连读、尾音以及爆破音、破擦音变化；用彩色粉笔在黑板上写出难记的生词，使字体变得特别大，或者用其他方式呈现单词，形成强烈对比。有时一个单词以其音、形的对错对比形式出现。如 suggestion 的两个读音，让学生进行对比选择；而教 quite 时写成 quiet 或 quilt、quit，让学生指出其错误。有时将单词与社会生活相联系。如，他昨天洗了 film（胶卷，广州话中"菲林"），照相前摆好 pose（姿势）等。

新奇的方式、与社会生活相贴近的联系会起到强烈的刺激作用，激发兴奋感，加深感知印象。另外，利用录音机、投影仪，甚至实物呈现等方式，引导学生同时使用多种感官感知，使大脑同时接受来自眼睛、耳朵、肢体等器官感受到的刺激，加强记忆效果。

三、化机械记忆为理解记忆

理解了的内容，就容易记住，理解得越深刻，记忆得越牢固。教单词时，把音、形、义同时教给学生，让学生对单词有一个全面了解，使所教的单词在一定的情景中呈现，方便学生理解记忆。把抽象概念的单词放在短语、句子或课文中教，使学生对单词的理解具体化。采用归纳比较的方法，以新带旧、以旧学新，新旧知识联系以加深理解和记忆。如在 SEFC Book[①] 2A 中第 23 课有一句"You can often pick up packs of used stamps very cheaply."，"Pick up"在句中理解为用较少的钱买到；第 19 课 "People said gold could easily be picked up by washing sand from the river in a pan of water."，"Pick up"在句中理解为收集到。而在 SEFC Book 1A 中 "It is necessary to use a short-wave radio to pick up the programmes."，"Pick up"在句中理解为"收听"。通过归纳比较、前后联系，使学生对词组有了正确的理解，避免学生只会在单词表中对其各种意义死记硬背的做法，达到温故而知新的效果，提高了记忆力。此外，通过同义词、反义词辨析，同音异形词、词类转换词比较归纳等方式，想方设法将机械记忆转化为理解记忆，从而加深记忆痕迹，提高记忆效率。

四、根据遗忘规律，在有计划地"重现"中巩固英语单词，增强记忆力

德国心理学家艾宾浩斯的实验证明：遗忘的规律是先快后慢，刚记

---

① SEFC Book 是 Senior English for China 的简称，是人民教育出版社和英国朗文出版集团联合编写的高中英语教材。

住的材料，最初几个小时内遗忘的速度最快。如果四至七天内不复现，记忆将受到抑制，甚至完全消失。因此，教师要引导学生有计划地经常复现英语词汇，克服遗忘现象。课堂上教单词时，让学生对所学的单词进行重复识记，加深印象；讲解课文时，结合教材的内容有序自然地再现英语单词、词组；课后练习时，安排相应的听写、翻译、完成句子、同义搭配、造句等，使学生在单词的多次复现过程中巩固所学单词。

记忆力的训练方法是多种多样的，我们要在英语教学实践中努力探索，使英语教学更符合语言教学的规律，符合心理学、教育学的规律。只有这样，才能提高效率，减轻学生的负担，全面提高学生的素质。

第八节
挖掘英语教学中单词的归类对比法

一、英语和汉语的对比

学生初学英语时，几乎总是自觉不自觉地进行英汉对比。这就需要教师因势利导，帮助学生正确理解掌握英语单词的含义和用法，这可从词义和词性两个方面着手。

比较词义：英语与汉语是两种完全不同的语言，词义很难等同，而学生往往把与汉语字词相对应的英语单词机械地套用，出现"see a book"（看书）、"kick football"（踢足球）这样的错误。在教学中引导学生比较英汉词义的不同，可使学生正确理解单词本义，尽快摆脱母语的干扰。

比较词性：英汉词性有异同，有时用法差异很大。如，汉语中动词可直接用作名词充当主语，而英语中必须用其动词的非谓语形式。再如，汉语中常成对地使用"因为……所以……""虽然……但是……"这样的关联词，而英语中 because 和 so 不可连用，though 和 but 也不可连用，必须去掉其中一个。通过对比可使学生分清其中的从属连词、并列连词、副词的区别，避免类似错误。

当然，单词的英汉对比不能孤立地进行，要在句子中才能取得较好效果。

二、英语单词之间的对比

英语单词之间的对比主要涉及词的含义和用法以及词性、词形等内容。

比较词义：主要是利用同义词、近义词或反义词比较。词义完全相同的词极为少见，单词意义上的相似、相近而不同，造成了学生学习的困难，有必要进行比较。如：1. I **looked** out the window, and **saw** he came into the classroom.（我向窗外看去，看到他进了教室。）2. He **listened**, but didn't **hear** anything.（他仔细听，但什么也听不到。）两句中分别出现了两个"看"和"听"，但两个例句的前者需分别使用 look、listen 表示有意识的动作，两个例句的后者需分别用 see、hear，表示无意识的结果。

一些英语单词翻译成汉语易被误认为是同义而实为异义，教师更需通过比较指出其区别。如：Yesterday I borrowed one book, and this morning I lent it to Mr. Li.（我昨天在图书馆借了一本书，今天早晨借给小李了。）此例句中前一个"借"用 borrow 表示"借入"，后一个则用 lend 表示"借出"。

词义对比还需注意单词在句中的搭配。如：我做作业用了两小时。"用"时间可用 take 或 spend，但如果主语是"做作业"，需用 it 形式主语，谓语动词用 take；如果主语是 I（我），那么谓语动词则需要用 spend。

比较词性：英语单词都有一定的词性，许多单词不止一种词性。词性不同其词义及作用也不同。这可分词形相同词性不同和词义相同词性不同等情况。如：1. she came into the **back** room with a baby on her **back**.（她背着个孩子进了里屋。）2. she was **back** at six o'clock.（她是六点钟回来的。）上述两例句中出现三个"back"，词形相同但词性不同。其词义、词性和作用分别为：①"后面的"形容词，作定语；②"后背"名词，

作介词宾语；③ "回来"副词，作状语。再如：他邀请我去他家，我愉快地接受了邀请。此例句中有两个"邀请"，词义相同，但词性不同。前者作谓语，应用动词 invite；后者作宾语，用名词 invitation。

词形比较：词形对比可帮助学生记忆单词并掌握词义。一些加了前缀、后缀的词和其词根比较，可使学生掌握一些基本的构词法，扩大词汇量。如：act（行动），active（主动），activity（活动）；marry（结婚），re-marry（再婚）；care（小心），careful（小心的），carefully（小心地）。对一些复合词可以分解，然后与原词对比，有助于学生理解记忆。如：handwriting（hand ＋ writing），life boat（life ＋ boat）。将读音相同拼写不同的词对比，有助于学生掌握读音规律。如：write 和 right，see 和 sea 这两组单词，在英语中读音完全相同，但词义完全不同。

总而言之，在英语教学中正确使用单词的归类对比是很有益处的。

第九节
浅析英语阅读教学法

近年来，中学阶段英语的教材编纂方向和高考中英语考试方向都共同地反映了一个声音，英语教学已经由传统的知识型教学方法正迅速地向语言交际运用型教学方法过渡，也就是现在教育界说得较多的"素质教育"问题。英语作为一门语言课，教师如何教、如何引导学生学？这不仅是目前每位教学一线执教者和教育研究工作者必须回答的问题，而且是学校管理者以及全社会都关心的问题。

一、加快英语阅读教学的改革势在必行

英语教学可划分成两大块，即口头（听说）和笔头（理解和表达），而在中学课堂教学中笔头占有相当大的比例。因此，作为一个客观的教育研究者和教师，谁也不能对它视而不见。在近年高考中，150分的英语试题，阅读理解占了40分；从题量上看，也从恢复高考后沿用多年的四篇，增加到现在的五篇。在整个试卷中，阅读理解也是最花费时间、比较灵活的部分。从阅读后的理解方面看，问题已经从过去在原文中找答案和简单地计算得分，逐步要求根据原文的精神实质发挥自己的想象。在这一部分题中，你会很自然地碰到"infer"（揣测）、"imply"（暗示）这一类的词，要求学生根据这个段落揣测出这段阅

读理解的表达目的、文中说话者的引申意、文中没有直接陈述但却有所暗示的内容；甚至根据这段阅读理解已经谈到的内容，imagine（想象）作者在下一个段落（试题中并没出现）可能会说些什么。从试题覆盖的广度上看，一般以交际环境为主，兼涉科技、制作工艺等具体过程。不仅对学生做题速度有较高的要求，而且对其深层理解力，也就是学习语言的扩张力（即素质）提出了挑战。

因此，学生阅读理解能力的提高，一要靠自身临场的发挥，更要靠平时教师对他们训练有素。教师如果靠时间一题一题地传授，学生靠一题一题地记"会"，那么在考场上最多是个中分低能的机器，就不用说将来适应社会了。会教的人，往往是教给学生金钥匙；以后来看，管你会不会教学，只要你从事教育教学，你都不是单纯给学生灌输知识，而必须走向学生"交钥匙"的道路。对教学悟得深，你交给学生金钥匙，悟的不深你交给学生铜钥匙；哪怕你交给学生铁钥匙，也比直接交给他们现存的金山、银山强。因为现在英语教材和英语考试的阅读理解文章，越来越多来自国外英语报刊，国产英文材料越来越少，这就对学生的阅读理解英文的能力有较高要求，而没有拿到"钥匙"的学生，只能在英语殿堂的门外徘徊。

应试教育的教学目的是为了升学，其核心是淘汰式的片面的教育。而素质教育则不同，它切实反映了基础教育的本质，即教育要面向全体学生，充分发展学生特长，使学生在德、智、体、美、劳等方面获得全面发展。素质教育的目的不仅要教授学生知识，更要教会学生如何求知、如何做人、如何健体、如何生活、如何审美等，为他们今后的成长在各方面打好基础。

二、重视操作过程的启发式教学

阅读教学过程一是指非毕业班常规的教学方式，二是指毕业班综合复习的过程。就前者而言，以教材为主，选择余地不大，主要是有助于学生巩固所学语言知识，进一步活用词汇、语法、句法，培养学生的自学英语的能力，以期达到加深理解，搞活阅读理解和表达运用之间的辩证关系。相比之下，后者选材余地大，时代气息强，知识面广，对学生的要求高。前者是后者的基础，前者能培养学生学习习惯的养成，后者是前者的提高和实践，二者相辅相成。不管前者还是后者，阅读教学都要围绕中心主旨进行。对一段文章的概括要利用它，对这段文章的提问要利用它，对作者语意的深层发掘也要利用它。阅读教学的关键是要处理好"西瓜与芝麻"之间的关系。中心主旨就是"西瓜"，是大头，是主要矛盾，要重点抓；具体字词句是芝麻，是细节，是枝叶，是次要矛盾，不要影响了注意力，不必一一搞得太清楚，可以通过上下文猜测大意，或者跳跃式前进。与中心主旨无关的不能细说，与中心主旨有关的哪怕学生不太生疏也要提醒。用适量的问题把学生朝阅读理解段的作者的思想轨迹上引。学生的思路和作者的思路一齐跳跃了，想法一致了，启发引导就成功了，阅读教学也就成功了。

（一）坚持养成训练

英语教学的最终目标是为了交际。"口头"方面的某些基本功训练，对阅读理解有正面的帮助作用。以前，我们对中学英语教学的理解不够全面，教学实践也有偏差，教学中只满足于学生对语言形式的理解和操练，忽视对语言意义的掌握和运用。交际语言不仅是指语言的音、意统一，同时也指学生对所学语言国家文化的了解，从而懂得在何时、何地、何种场合、对谁、用什么方式和态度说什么话，比较重视文化差异对交

际的影响，强调使用语言的得体性，这样才能达到交流思想的目的。这种交际情景的真实性，是语言学习的生命和实质，这样学到的语言才具有实用性和有效性。只有在具体情景中交际，得体地使用上下文意思连贯的话，而不仅是孤立的句子，我们教的英语才不是死的知识，而是活的能力。当今考查学生能力的方法，也正在朝着这个方向大步发展。这种语言学习的养成教育，不仅使你的学生能在考试中脱颖而出，而且会使他们终身受益。

（二）注重教学手段的直观性

为了培养学生用英语思维的习惯和能力，教学中应注意以下几点：第一，采用直观教学手段，把英语和要表达的事物直接相联系，让学生直接理解、直接记忆；第二，用英语教英语，让学生直接用英语理解英语，直接用英语下指令去做事情；第三，尽量使用英语，必要时使用汉语。由此可见，让学生多听多读是培养交际能力的根本途径。如果要让学生动笔填词或记录句子，要让他们只记关键单词的前几个字母，而且只要自己（当时）认得就行，千万不要像平时做作业一样一丝不苟，要养成一种快的习惯。学习英语，没有效率，就失去了一半的意义。

三、阅读教学要当作工程来抓

（一）教师备课重"热身"

1. 介绍与阅读跟社会、历史、人文、自然背景有关的英语短文，特别是与我国不同的英美等西方国家的历史地理和风俗习惯资料。

2. 摘要介绍部分有碍文章理解的生词。凡是学生可能猜得出的生词一定要让学生在阅读时去猜测；猜的能力的培养比动手查字典的"勤"更有意义。

3. 要善于引导学生根据文章标题、插图和有关问题讨论并预测文章内容；也可根据已有的事实，对文章的结局、未来的前景、隐含的事实进行发掘。

4. 教师最好提出一两个能概括全文中心思想的指导性问题，以统一思想，判断是非，使学生明白阅读的奥妙。

（二）阅读过程明确目标

1. 快速阅读指定的内容（用眼读而不是用嘴读，逐句读而不是逐字读）。

2. 向学生提出指导性问题，问题要围绕中心主旨。

3. 提出细节性问题，让学生获取有关 what、where、when、why、who、how 等基本事实，以及 start、process、end 总体过程脉络。

4. 可以每隔几篇做一次细读，教师要有所筛选，把握难度、深度，突出一个或两个侧面。

5. 分活动小组讨论问题答案，然后全班检查答案；如果是从其他地方获取的试题，甚至可更改参考答案，但必须加以分析说明并令人信服。

（三）阅读教学的扩展——表达

1. 鼓励学生用简略的方式表述自己对文章的见解和领会，而不是复述文章；不要纠正学生的语音、语法错误，哪怕比较严重。

2. 在学生对文章理解的基础上，检查学生对生词的猜测情况，既然是猜，能沾边达意就行，不要对其用法做过多分析。

3. 做大纲要求掌握语言知识的练习及高考词汇手册上要求的要点。

4. 帮助学生分析文章结构和文体特征，三言两语，只要中的就行，要少而精。

5. 围绕课文开展各种形式的口笔头交际活动，如复述课文、问题讨论、角色扮演、采访、调查、仿写与课文相关的话题等；也可动笔改写课文、总结提纲、写评述等。

四、阅读教学的法宝——自学

社会飞速发展，科技日新月异，知识是"教"不完的。今天的学生，只能靠今后的终生学习才能不落伍。难怪有人说，21世纪的文盲，不是不识字的人，而是不会自学的人。自学能力是学生在已有的知识水平和技能的基础上，不断独立获取新知识并运用这些知识的能力。阅读理解费工费时，讲解难度大，如果处理得不好，不仅枯燥无味，而且出力不讨好。那么，我们怎样培养学生在阅读方面的自学能力呢？

（一）充分利用选材上的优势来满足不同层次学生的兴趣

素质教育的宗旨是教育面向全体学生。面向全体学生并不是一刀切，而是面向每一个有差异的个体，充分培养个性。根据学生的特点来激发每个人的学习英语的热情，是培养他们自学能力的一个重要方面。

教师应注意教学内容和教学形式的趣味性，以培养学生学习英语的兴趣。学习兴趣可根据不同的教学内容和学习阶段来培养。例如，初中学生往往满足于歌曲、游戏、表演等引起的表层兴趣；高中生则不然，他们不再满足于表层的认知兴趣，而是渴望获得更高层次的智力兴趣，渴望通过积极主动的思考获取知识，通过自己的创造性思维获得学习上的成功感和满足感。因此，教师应为高中生设计一些交际性比较强的教学活动，如角色换位、调查、解题、讨论、辩论、采访等。

（二）开发学习潜能

开发学习潜能是各学科统一的教学目的，是素质教育的重要内容。

开发学习潜能主要指开发学生的智力。智力是能力的一部分，能力是顺利地完成某项活动的个性心理特征。智力是指适合多种活动要求、为人所共有的一般能力，包括观察、注意、记忆、思维和想象等能力。开发学习潜能是发展个性的必由之路：一是要培养观察力，二是要培养注意力，三是要培养记忆力，四是要培养思维想象力。

阅读理解是学生所掌握的英语知识综合运用的体现，阅读教学是为完成这一从"知识向能力过渡"转化的实战。从宏观上看，教师是主导，学生是主体。从战略上看，阅读教学要紧扣整体，化零为整，就大不就小，宜粗不宜细。从实质上看，读得懂，然后才说（输出）得出，阅读理解的重要性，由此可见一斑。总之，中学阶段的阅读教学既是常规教学的组成部分，也是各级各类考试的重头戏，不抓不行。不但要长抓狠抓，而且要深抓重抓，一抓到底。只有这样，英语教学才能达到素质教育的目的，才能培养出高素质的英语人才。

第十节
如何培养英语语感

英语教学中最重要的是培养语感，而且要把这一做法贯穿在教学环节之中。

语感就是对语言的感受、领悟的能力。对语言的感受能力反映了使用者对语言的理解能力和运用能力。我们知道，一个孩子在学习母语的过程中，总是先学会说话，即口语，然后学习语言文字。在他学习口语并表达自己意愿的时候并不懂得语言的语法规则，而是在语音、词汇、句子中感受语言的实际意义，在实际交流中不断掌握母语。这样，当学龄儿童开始学习母语文字时，已经不会有语感困难了。学习英语则不同，学生学习英语语音、词汇、语法的过程是同时进行的。对英语的感知、认知是从无到有、从简到繁，因此英语教学的"听""说"也应该从培养语感入手，以听说为主，培养学生的语言感受能力，使他们大胆开口，能听会说，排除学习英语的心理障碍。

在英语教学中，怎样培养学生英语的语感呢？要从以下几个方面入手：

通过听力课，安排好听说训练。在课堂上，学生通过听，从听不懂到听懂，从部分理解到全部理解，从重复原句到模仿表演，逐步产生对英语的良好感觉。

让学生多阅读英语短文或者英语原版文章的节选。根据教材的安排，老师让学生做许多语法练习这是必要的，但是不能只停留在从语法到语法的练习上。在学生的语感还不太理想的情况下，过多地强调语法练习，会使一些学生感到枯燥，影响他们学习英语的兴趣和效果。所以，在学英语的初级阶段，教师要尽可能将语法放在一定的语境中来教，并让学生多阅读难度适宜的英语短文，学生碰到不会的词让他们自己查英汉词典，教师则根据情况进行适当讲解。这样长期积累，学生便会把所学的英语语法知识和词汇联系起来理解和运用，学生的英语语感也会日益增强。

学任何语言都要语言环境，让学生自编、自演短剧，用英语讲述短小精彩的故事，通过集体交流，会有效地增强语感。

此外，可举行适当形式的小型英语竞赛，因为学生都有好胜心。小型比赛如英语听写、朗读、讲故事等，可以使学生的注意力高度集中，随时准备提取大脑中储存的信息，而且竞赛中思考、表达的过程又是对平时学到的知识集中、概括的过程，这样便增强了学生的语感。

第十一节
抓英语早读的意义

英语教学重在读，抓好英语早读对提高学生的英语水平有很大的积极作用。抓好英语早读至少有以下四方面的重要意义：

首先，众所周知，随着改革开放的日益深入，我国与各国之间的交往日趋频繁，因此英语作为国际交往的必要工具被提到了重要的地位。然而目前仍有部分学生对学习英语不够重视，尤其不注意对英语口语的训练。这类学生上课只是跟着教师读几遍，课后根本不读或者读也是"蜻蜓点水"，敷衍了事。有些学生虽然在家里读英语，但家长不懂，学生读错了，也没人纠正，以致将错就错，形成习惯。因此学校每周安排一定次数的英语早读课，让学生在教师的指导下进行20—30分钟的英语早读是提高英语教学质量的客观需要。

其次，英语教师下班级认真抓早读课，除了对学生起督促和鼓励的作用外，还能及时发现学生在发音、朗读、理解课文及语法概念上所存在的问题，并能及时给予纠正、示范和指导，从而掌握了学生实际水平的第一手资料。这样就能有针对性地制订各阶段的教学计划及具体教学安排，有利于提高教学质量。

再次，早读课不像上正课那样规矩严格，师生之间的交流也不拘形式，这样有助于密切师生感情。而这种情感的产生往往在激发学生学习英语的兴趣方面起着积极作用，也是推动学生学习的动力。

最后，从心理学的角度说，早晨是人的记忆高峰期。在这个时间段朗读英语、拼读单词、背诵课文或练习语音语调等，能在短时间内收到事半功倍的效果。

就抓英语早读我谈些具体做法：

1. 保证早读时间。多年来我坚持提前到校，确保我教英语课的班级至少有 30 分钟早读时间。此外，我把早读的内容列入教学计划，联系教学进度，把每次早读的内容、方式、目标等列为备课内容的一部分。

2. 结合正课出现的重点难点，亲自指导早读。例如，学生开始学习宾语从句时，在时态的呼应和从句的语序方面，常常会出现错误。因此，用一半的早读时间让学生当堂背出范句，另一半时间给学生分析在范句中出现的种种时态呼应的特点以及陈述句语序，使学生在背诵的基础上加强了对语法的理解。

3. 跟着范读录音朗读课文或教师自己领读。这样做可以避免学生在语音语调方面出现错误，训练他们语音语调的基本功。早读的内容是挑选重要的段落或难读的句子，让学生跟着录音模仿朗读（并多次反复，直到熟练顺口）。有时遇到比较难读的句子或多数学生学习英语语音的薄弱环节，我就重点指导，亲自领读，让学生反复模仿，直到人人过关为止。

4. 培养和发挥小干部（英语课代表）的积极作用。英语课代表一般是英语基础较好、发音较准确的学生。在某种情况下，他们可以在早读课上起主导作用。比如让他们事先做好准备，在早读课上领读、领背。如有错误，教师及时纠正，这样既纠正了英语课代表本人的错误，又提醒了其他同学。

总之，英语早读如能从一开始就做到有计划、有目的、有安排，并持之以恒，一定能收到良好的教学效果。

第十二节
论角色扮演教学法在英语课堂中的应用

语言是一种交际工具,学习英语的目的不仅是为了考试,而且还应该会把英语使用于生活中。随着社会的发展,旧的英语教学方式已不能适应教学要求。因此,为了适应社会需要我们必须找到一种新的英语教学方式。作为一名英语教师,我逐渐发现一种新颖而有趣的教学方法,它就是角色扮演教学法。如果有人问你,为什么你会很流利地说汉语?你可能会说这是本能,说的是母语。这就对了,因为在你周围的人都说汉语。前面提到语言是一种交际工具,而角色扮演教学法可以创造真实情境,使学生有机会运用他们所学的语言去表演。这种教学方法还可利用或改变场景,根据他们所见临场发挥。实践表明,角色扮演教学法能激发学生兴趣,让学生把学英语当作一种乐趣,积极主动地去学习英语。几年的实践证明,这种教学法是成功的。

一、角色扮演教学法是双向互动性活动

角色扮演是学生很喜欢的一种学习体验方式,具有很强的双向互动性。因此,将角色扮演教学法引进英语教学中,不仅可以创设交际情境,还可以有效地促使课堂教学实现和保持双向互动。具体体现在:1. 角色扮演教学法符合语言交际性原则,增加学生互动与交往;2. 角色扮演教

学法能够提高教师与学生的双边互动频率，使学生更生动地将英语课堂上的知识点融入实际语言运用当中；3.角色扮演教学法能够有效提高学生的听说能力，使课堂教学有效进行。

二、角色扮演教学法在课堂中的应用

苏联教育家苏霍姆林斯基提出："当知识与积极的活动紧密联系在一起的时候，学习才能成为学生精神生活的一部分。"按照新基础教育理论，以学科教育为主的课堂教学，是为教育服务的。学科育人价值，不仅要体现在知识教学上，还应具备思想品德教育及能力与个性发展的基础功能。心理学认为，兴趣是一个人力求认识某种事物或进行某种活动的意识倾向，它对学习和工作都有重要意义。因此，在英语课堂教学中，教师不仅要给学生提供更多的听、说、读、写等语言实践的机会，还要千方百计地为学生创设浓厚的英语学习氛围，利用丰富多彩的活动激发学生的学习兴趣，培养学生运用英语进行交际的能力，即在真实的社会交际环境中运用英语进行自然、得体、流畅交流的能力。在几年的教学实践中，我逐渐掌握了一种适合小学生身心发展的教学方式，即角色扮演教学。小学生最初接触英语时，对这门新的语言有着强烈的好奇心和求知欲，因此教师一定要把课堂教学安排得有吸引力，使教学内容新颖、有趣、生动活泼。现代教学的目的已定位于素质教育，素质教育强调在我们的教学中要让所有的学生都得到发展，要让每个学生的每个方面都得到发展，它强调活动性与实践性，提出素质只有在活动中才能形成，也只有在活动中才能展现。小学生年龄小，这一阶段基本是以具体形象思维为主要思考形式，教师可充分利用直观教具、形象化的语言，创设充满情趣、童趣的语言情境，让学生在每节课学有所获的成功感中建立浓厚的英语学习兴趣，从而形成科学的学习方法；同时也开阔他们的视

野，增强他们对英语学习的兴趣，更加促进他们的观察力、感受力和想象力的发展。在英语课堂教学过程中，采取种种角色扮演手段，创造种种真实的语言环境，不仅可以加强师生的双边活动，使学生的兴趣经久不衰，还可以使学生在英语交际中学会使用英语并逐步掌握英语。儿童是天生的表演家，英语教学中可充分利用学生的表演欲，让学生入境演一演。在学习中玩耍，在玩耍中学习，也能起到事半功倍的效果。皮亚杰的发生认识论和儿童心理学，充分揭示了儿童主动参与在儿童智力、思维、认知发生发展中的作用。在英语教学中采用角色扮演教学法，让儿童主动参与到英语学习中来，回归儿童活泼、好动的天性。

三、角色扮演教学法的意义

（一）角色扮演教学法体现自我

角色扮演教学法由于学生的主动参与，改变了那种单向的"讲—听"模式，使课堂气氛轻松和谐，学生的自我表现能力充分发挥，兴趣大增，使每个学生都能尝到成功的喜悦。同时，教师利用角色扮演教学法还要培养学生直接用英语思维的习惯，激发他们大胆想象，根据课文内容自编自演，把以前学过的知识点联系起来，增加到新知识里去，这样每个学生的个性都得到充分体现和发展。

（二）角色扮演教学法能够满足学生的性格需求

表演是一种艺术形式，运用直觉和情感以最迅速的方式、最生动的形式，使语言信息直接渗入大脑。心理学研究表明，兴趣、情感和教学是相通的，从心理学的观点出发，任何新奇的东西都容易成为注意的对象，而刻板的、千篇一律的习惯和刺激就不易引起注意。通常说的好奇心，正是对种种新奇刺激的注意。在英语课堂教学中，这种新奇的刺激可以是形式多样的教学方法，英语表演教学就是其中最理想的教学方法。它是从心理学这一原理出发，抓住学生活泼好动，记忆力好，模仿能力强等特点，用种种生动活泼的表演形式将学生引向一个妙趣横生的英语世界，诱导激发学生的积极情绪，达到教学的最佳效果。

（三）角色扮演教学法能够激发学生的学习动机和兴趣

德国教育家第斯多惠曾说："教学必须符合人的天性及其发展规律。这是任何教学首要的和最高的规律。"小学生学习语言是通过模仿和感觉。在英语课堂教学中创设一定的语言情景，使学生宛如置身于某一种真实的语言环境之中，就能使学生自然产生一种用英语表达感情的需要，这时教师再组织学生在这种语境中表演，学生就会感到所学到的语言的真实性，表演起来得心应手。学生学习语言的最终目的是为了同别人交际，如果他们发现他们的课堂学习与这个目标有关并在不断成功中获得成就感，这样他们的学习动机就会得到提升。英语教学从某种意义上说应是情景教学，这种教学方式无论是对初学者还是对有一定基础的学生，都非常适宜，其最大益处就是教与学的互动性。创设情景实际上就是通过模拟真实的语言环境，以置身体验来激发情绪，营造氛围，增强语言的感觉力，从而达到熟练掌握语言的目的。在英语课堂教学中，根据学生活泼好动、模仿力强等特点，为学生创设一定的情景表演，能使课堂生动活泼，引起学生的极大兴趣。有些学生为了能在课堂上把所学的内容表演下来，事先就做好了新课的预习，以便能在课堂上第一个表演，这就使得课堂教学取得了事半功倍的效果。

四、角色扮演教学法的形式

（一）设计游戏进行角色扮演教学

教育家强调早期学习中有必要引入充满乐趣的游戏教学，使小学课堂有声有色、富有活力，启发吸引学生喜欢学、乐于学，让他们在课堂教学全过程中愉快学习，愉快思考。游戏教学在古今中外的儿童教育中均起到了不可忽视的重要作用。历史上我国教育家就在有关儿童教学方面有过论述。程颐曾说："教人未见意趣，必不乐学。"朱熹亦强调"乐教"的重要。王守仁则主张："教童子，必使其趋向鼓舞，心中喜悦。"同样，德国教育家福禄培尔认为游戏是儿童活动的特点。通过游戏，儿童的内心活动变为独立自主的外部自我表现，从而获得愉快、自由和满足，并保持内在与外在的平衡。儿童游戏往往伴随着语言的表达，这有利于儿童语言的发展。

1. 猜说游戏

小学生的好奇心特别强，在英语教学中可安排一些有趣的猜说游戏，让学生在猜的过程中不知不觉地练说。如，在进行《快乐英语》第2册第3单元水果类单词教学时，让学生带来实物，放进一个大盒子里，请一名同学到前面来，把手伸进盒子里，拿一个实物问："What's this？"请另一名同学猜，然后用Yes/No作判断，猜中者得到发问人手中的水果。这样让学生在游戏中掌握知识。

2. 捉迷藏游戏

在进行小学英语第1册第13课教学时，教师把学生A的眼睛蒙上，让学生B藏起来发出一点儿声音，给A一点儿暗示，然后学生C发问："Where is B？"让A用He's/She's+介词短语回答，以此来学习介词in、on、under的用法和意思以及"Where is...？"句型。

3.Touch and Act

在进行小学英语第1册第19课和第20课的人体各部分名称教学时，教师先把各器官名称写在黑板上，然后指着自己的五官介绍新单词，接着就可以让学生做"摸五官"的游戏。先叫几个学生上台表演。当教师说"touch your nose"，他们马上做出判断，用手摸鼻子。教师再说"touch your eyes"，他们迅速做出反应，用手摸眼睛。反复几次，有人可能做错了，下面学生就会喊："…is wrong."然后可以小组为单位进行游戏。这样，课堂上既紧张又活泼，学生既练习了口语表达，又很快掌握了这些新词。

4. 随意性表演

为了避免在表演时出现课堂上的混乱，采用"开火车"游戏，让学生按小组逐一说出dog、cat、monkey、panda、tiger等单词，比一比谁的声音最响亮，谁的发音最准确。这样不但能及时检查学生的发音情况，同时有效吸引了学生的注意，让学生在愉快的氛围中学习英语，使课堂教学变得既轻松又富有节奏感。再如讲解课本中的动物名称的单词时，采用模仿动物的动作和声音，边学边做边玩，让学生在融行为和语言为一体的情景中深入角色，参与实践。由此可见，要做到"小环节，多台阶，多变化"，为学生搭好"学会"的台阶，感受"会学"的乐趣，使学生求新求异的心理得到满足。在操练的各个环节中，可以针对不同的训练层次设计不同的游戏，对学生进行训练。

（二）使用形体语言进行角色扮演教学

形体语言主要是通过视觉的补偿作用来替代或强化一些语言行为，使口语表达更生动活泼，交际行为更富有情趣和感染力。英语作为一门语言，其目的就是让学生学会如何运用英语进行交际，而不仅仅是懂得一点儿语言知识。在课堂教学过程中，常常恰当地运用形体语言创设情

境，充分调动学生眼、耳、口、手等多种器官，通过视、听、说来解决由母语到英语的"心译"过程。形体语言是一种动态的无声语言，教师用生动、形象的表情和动作将语言表达出来，能直接作用于学生的情绪，从而活跃课堂气氛，增进师生间的情感交流。

小学生喜爱各种动物，而教科书上安排了许多动物的单词，除了通过看图片、动物玩具教单词外，结合形体语言使教学更形象生动。

1. 模仿动物的叫声教学

在教学 cat、sheep、dog 等单词，先把一些学生熟悉的动物叫声录下来，编成一个童话故事，讲给学生听。当要教的那种动物出场时，先放录音听叫声，再教该动物的单词。学生通过听听、说说，既学会英语单词，又听到了故事，学生学习英语的兴趣大增。

2. 根据动物的特点用形体表演

如在教 snake 这一单词时，竖起右手，手指并拢微弯曲成蛇头状，然后再模仿蛇左右扭动向前滑行的动作。教 monkey 时，几个顽皮的男生左手按前额，眼珠上下转动，四处张望，右手抓耳挠腮。我并没有阻止他们，反而让他们带领其他同学边做动作边说英语。于是，学生在笑声中度过了单调的单词学习时间，并体验到了成就感。

总之，角色扮演教学法适合学生的心理特点，符合语言教学的规律，激发学生学习英语的兴趣，使学生喜欢学习英语，愿意学习英语。作为一名英语教师在教学中处于主导作用，应该具有一定的表演能力和指导能力，在课堂教学过程中，多用表演形式教英语，使学生在轻松愉快的气氛中学到知识，让学生把学习英语当作一种乐趣，而不是感觉枯燥无味。几年的教学实践使我感觉到，角色扮演教学是英语教学中不可缺少的教学方法，是完成教学任务、提高教学质量的有效手段。

第十三节
如何激发后进生学英语的兴趣

后进生——学困生要想学好英语可是难中之难，因为他们大部分对学英语毫无兴趣。如何激发后进生，提高后进生学习英语的兴趣呢？作为一个英语教师我认为必须做好以下几点：

一、让学生明确学习目的，端正学习态度

许多家长和学生都认为学英语无用，因为并不打算出国，所以只要学好母语就够了。他们根本就没有意识到改革开放的今天，英语是多么重要，在外资企业工作和处理商品的进出口手续都需要用英语沟通，不会正确使用英语怎么与外方沟通呢？因此学英语势在必行，英语教师首先应让学生明白这一点。

二、爱心与耐心是后进生转换的又一个前提

英语的词汇量大，尤其是新教材词汇量更大，再加上许多句型及短语也要记忆，学生学起来本身就有一定的难度，因此需要我们的教师多给后进生一点儿爱心和耐心。我们应该做到"好看的要爱，有伤疤的更要怜惜"。只要每位教师对每个学生都充满信心，真心付出，在工作上认

真负责，对学生因材施教，就能达到较好的教学目的，收到较好的教学效果。教师只有得到学生的认可，学生学起来才有积极性。如果一个教师一站到讲台上，学生就对这门课感到反感，甚至望而生畏，又怎能学好这门课呢？

三、巧用教学方法，活跃课堂气氛

英语学习本身是一件枯燥的事。因此，这就要求我们英语教师仔细研究教学方法，深钻教材，从而活跃课堂气氛，提高课堂质量。

如何巧用教学方法活跃课堂气氛呢？我觉得应巧用一些英语格言、谚语、歌谣、谜语和游戏等激发学生的兴趣。

例如，我在教初一英语第 2 册 Why do You Like Pandas？时，我采用了这样一个歌谣来帮助他们记忆单词："tiger、tiger 大老虎，panda、panda 大熊猫，giraffe、giraffe 长颈鹿，lion、lion 雄狮子，penguin、penguin 丑企鹅，elephant 长鼻子大象……"这样既帮助了学生记忆单词，也活跃了课堂气氛。在教学这个单元时我还让一些同学来扮演各种不同的动物，让其余的同学用英语说出他们扮演的是什么动物，这样他们学起英语来就不那么枯燥无味了。通过这样一些活动，就是基础很差的学生学起来也有兴趣了。又比如，我在教初一英语第 1 册 How Much are These Socks？时，我用了不同颜色的气球来询问学生，让他们抢答，答对的就可以得到一个气球。还有，让不同的学生来当模特儿，让其余学生来猜他们的衣服价格，以此来激发他们的兴趣。

四、课内教学与课外辅导相结合

由于后进生的英语底子弱，单纯地依靠课堂还不够，还需要英语教师牺牲一些课外时间来辅导后进生，细心讲解，耐心辅导，孜孜不倦，循循善诱，这样他们的英语成绩就会慢慢提高，学习英语的兴趣就会越来越浓。

五、多表扬，少批评

真心的鼓励对每个学生来说均很重要，尤其对后进生更是如此。但凡他们有一点儿进步教师就给以表扬，以鼓励他们学英语的信心；当他们犯错误的时候，教师应耐心细致地纠正。尽量少批评，多鼓励，在他们平时的作业本中多给几个"good"之类的评语，学生就觉得教师喜欢他们，学英语也相应有了兴趣。

总之，作为一个教师应给予学生以充分的尊重和爱护，用语言和行动来感化学生，滋润学生的心田。

第十四节
浅谈英语教学中的师生关系

通过多年的英语教学实践，我深深体会到：良好的师生关系是保证完成教学任务的重要条件之一。如果一个教师不热爱他的学生，那就不可能去关心他们，也不太可能帮助他们更好地学习；如果一个学生和自己的任课教师有对抗情绪，那他往往会厌恶这位教师所教的这门课程，直接影响这门学科的学习成绩。因此，教学必须以学生为中心，教师的一切活动都要建立在了解学情的基础上，这样才能保证教学任务得以完成。

和谐的师生关系需要教师积极的维护，师生关系主要取决于教师的职业道德以及个人素养。教师要受到学生的尊敬进而提高教学质量就必须树立好自己的形象。

一、教师要热爱学生，无私奉献

人们把教师比作蜡烛、园丁、人类灵魂的工程师，所以教师也应该像蜡烛一样向学生付出自己的一切，像园丁一样精心栽培心爱的花木，对学生要亲切关怀、耐心帮助、平等相待，做学生的知心朋友，倾注全部的爱。这种爱是对学生的严格要求和尊重信任，是对学生未来的深切关注。这种爱应该是持续性的、公平的，不能只给学习好的同学，而对后进生冷若冰霜。因为教师的歧视和偏心，会打击学生的学习积极性、挫伤他们的自尊心，从而导致他们拒绝教师的一切要求，产生逆反心理，自暴自弃，觉得前途渺茫，最终厌学甚至弃学。教师要想赢得学生的尊敬，就必须主动地接近学生，了解学情，积极引导，还要认真备课，上好每一节课，积极热情地向每个学生传授知识。真诚是一个教师必须具备的品质，也是热爱学生的具体体现。如果学生犯了错误，教师要及时批评教育；教师本人有了错也应该学会说"I'm sorry."并注意改正，只有这样才能建立良好的师生关系。

二、教师要对学生满怀期待之心

人们之间的相互期待，会给人的思想和行为带来正面的影响，期待事实上就意味着一种信任，信任是人的精神生活中必不可少的一部分，是对人格的肯定和评价。学生的好成绩有一部分就取决于教师对学生能力的信心。期待也是一种激励的方式，这种激励可以激发学生积极而热烈的情绪，使他们能够克服一切困难，攻克一切难关，从而取得更好的成绩。期待本身也是社会的一种要求，它可以使人们懂得怎么样去做一个受人喜爱的人，怎样去尊重别人。所以，作为教师就应该对自己的学生满怀希望、充满期待，要相信每个学生都能在德、智、体等诸方面逐步得到完善。每个学生都希望被别人信任，被他人关心，学生一旦在心理上得到了这种满足，他们就会感到鼓舞和振奋，就会产生巨大的学习兴趣和信心；相反，就会逐渐失去信心，学习成绩自然受到影响。

三、教师使用的语言要生动风趣，能吸引学生

语言是教师传递知识、影响学生的主要手段。教师使用的语言只有做到通俗易懂，深入浅出，生动活泼，有逻辑性，才能紧紧吸引住学生的注意力。所以，教师在语言表达中既要注意准确性，又要使其富于艺术性，要有感召力，尤其是英语教师应讲究语音、语调、节奏的抑扬顿挫，要有一定的动作和表情来帮助语言渲染，使其能更加强烈地吸引学生。有些演员在表演时，什么道具都没有，却能把观众的心紧紧抓住，这就是语言的魅力。由于中小学生活泼好动，教师更要做到语言形象、生动和直观，而且运用的描述或比喻要符合学生的生活经验和生活实践。例如我在教字母 O 和 Q 时说："O 的脑袋后长了一条小辫子，就变成了 Q。"在教基数词变序数词时我编了一个顺口溜帮助学生记忆："一、二、三全变，八去 t，九去 e，f 代 ve，去 y 加 ie，再加 th。"不规则动词的变化对学生来说是一个记忆的难点，我给学生分类编了许多口诀。如初中范围内 i-a-u 变化的单词："开始（begin）游泳（swim）下沉（sink）喝（drink）响（ring）了唱（sing），肚子咕咕叫。"又如过去式和过去分词相同且结尾是 ought 或 aught："想（think）买（buy）战斗（fight）教（teach）抓住（catch）了带来（bring）世界需要和平。"等等。这些顺口溜既让学生很快记住了这些变化，也使学生对教师产生了信任，起到了事半功倍的作用。

四、教师要做学生的引导者、帮助者，而不是灌输者

在英语教学中，教师要引导学生去了解另一个民族的语言和这种语言的思维世界，而不是单纯地训练学生"说话"。教师在教学中要注意融会贯通教学大纲的要求和内容，把握教材的精髓，要选一些少而精的

具有代表性、扩展性、趣味性和生活性的话题，使学生在话题中能充分发挥所学知识。这样既锻炼了语言交际能力，又复习巩固和创造性地应用了新旧知识，能激发学生关注日常生活中的英语知识。教师在课堂上要用启发式教学，话题提出来，并不一定要在课堂上把拓展内容都讲完，应留有余地，也不一定有问必答，可以给学生一些启示，激励他们课堂外的自学。

五、英语教学中的师生关系是平等的关系

现代教育提出教师是教学这个共同体中的首席，这就是说教师和学生是平等的关系，再不是以前的教师高高在上，学生闷头听课。教师要能够轻松地调动学生的兴趣，让他们积极主动地运用所学英语知识在创设的语境中参与自由交流。要像朋友一样平等对待他们，在课堂上教师既是良好的引导者，又是热心的、耐心的听众，还应该是学生谈得来的朋友。

第十五节
中学英语趣味教学漫谈

常言说得好,"语言这东西,不是随便可以学好的",学本民族语言如此,学习英语更是如此。但是如果教学得法,便可事半功倍。要取得这样的好效果,趣味教学是一种好方法。

中学生的年龄特点是爱说爱动,自我约束、自我控制能力不强。如果英语教学中忽视这些特点,单纯沿用传统教学模式,使用传统教学方法进行机械地讲解,把学生纯粹当成知识的容纳器,填鸭式地向他们灌输在他们眼中枯燥无味、冷冰冰的语法、词汇,那么他们便会提不起兴趣,因而也就谈不上学习英语的积极性和主动性。目前,中学英语教学质量不佳,恐怕这是一个主要原因。学习需要兴趣,就某种意义上讲,学英语就更需要兴趣。如何激发学生的学习兴趣,并保持它,使之成为他们学习的动力,正是趣味教学考虑的出发点。

爱因斯坦说过:"兴趣是最好的老师。"因此,我个人认为,趣味教学的核心问题是创造和谐融洽的师生关系和轻松、愉快的学习环境;采用灵活多变的教学方法,让学生做中学,学中用,从而激发兴趣,学得主动,提高效率。由于教师的素质不同,教学对象不同,使用教材不同,因而进行趣味教学没有也不可能有固定的模式可循,但趣味教学所探讨的教学方式和所要追求的效果是相同的。

一、和谐、融洽的师生关系

教和学是一对矛盾，作为矛盾双方的代表教师和学生如何和谐融洽地相处，对完成教学目的至关紧要。青少年的心理特点告诉我们，这个年龄段的学生"亲师性"较强。如果他们对某个老师有好感，他们便对这位老师的课感兴趣并分外重视，肯下大气力、花时间学这门课，因而成绩显著。这种现象大概就是我们常说的"爱屋及乌"吧！反之，如果他们不喜欢某一位老师，由于逆反心理，他们也就不愿学或不认真听这位老师的课。这种现象司空见惯。

因此，教师要融入学生当中，和学生打成一片，了解学生的兴趣、爱好、喜怒哀乐的情绪变化，时时处处关心学生，爱护学生，尊重学生，有的放矢地帮助学生。教师在学生的眼中不仅是一位可敬的师长，更是他们可亲可近的亲密朋友。当然，这并非说学生的缺点不可批评，对此听之任之，而是批评和表扬是出于同一个目的——爱护他们，因而批评的方式比批评本身更重要。教师要让学生感到自尊心没有受到伤害，人格不受侮辱，从内心深处感到教师的批评是诚挚的爱、由衷的爱护和帮助。只有这样相处的师生才能关系和谐，感情融洽，开开心心地进行教学互动。

二、创造轻松愉快的学习环境

传统的教学模式和方法，总是教师"一言堂"，课堂上教师总是向学生灌输，学生始终处于消极、被动的学习地位，没有什么轻松、愉快而言，因而也就无兴趣可谈。即使那些认真学习的学生，也不过把自己当作知识的记忆器，为分数不得已而为之。但就多数学生而言，由于不感兴趣也就逐渐淡化英语学习的热情，从而导致"两极分化"，教学质量不佳。

课堂环境如何，对激发学生的学习兴趣影响极大，教师的责任在于为学生创造轻松、愉快的学习环境。要做到这一点，教师应以满腔的热情，全心地投入课堂教学中，仪表要洒脱，精神要饱满，表情要轻松愉快，目光要亲切，态度要和蔼，举止要大方、文雅，谈吐要简洁，语言要纯正、地道、流利，书写要规范、漂亮，版面设计要合理醒目等。

为了淡化传统教学给人们的印象，要"寓教于乐""动静结合""学用结合""师生配合"。

课前，可根据教学内容，由教师用学生能听懂或大致能听懂的英语讲一个幽默笑话、一则谚语，或由学生进行课前三分钟英语会话练习、自由演讲、自由交谈，或是集体唱一首英语歌曲。这样可以活跃课堂气氛，激发学生兴趣，完成教学前的预热活动。

有一则英语谚语："A good beginning is half done."（良好的开端，就是成功了一半。）导入新课要讲究技巧。根据教学内容教师可设置一个悬念吸引学生；也可提出一个发人深思的问题，抓住学生的注意力；也可从直观教具和演示开始。教学中，不能课本搬家，大声念一遍，小声念一遍，就算进行了教学，要善于用教室的人和物、直观教具（如图片、挂图、简笔画）设置情景。语言总是和情景连在一起的，没有没情景的语言，有了情景学生才印象深刻，声形意有机结合，学得才有趣，掌握才准确。教师讲解忌繁、杂、重（即繁琐、杂乱、重复）。要精讲，长则生厌。教师要变讲为提问，让学生大量参与而不是作旁观者，学中用，用中学，只有这样学生才感兴趣。要注意在实践中满足学生的"成功欲"，不同水平、不同层次的问题和语言材料，要由不同水平、不同层次的学生实践。这样，每个学生都可品尝成功的喜悦和成就感，从而精神振作，热情倍增。一旦学生出了差错，教师不要埋怨训斥、责怪，要注意纠正错误的技巧，保护学生的积极性不受挫折。一堂课就是一个完整的艺术品，不仅要有一个好的开始和发展，也要有一个好的收尾。根据不同的情况，下课前可给学生设置一个新的"悬念"，留一个耐人寻味的问题，放一遍课文录音，让学生小结一下课堂主要内容，唱一首歌曲等。总之，教师在一堂课里始终要让学生学得轻松愉快、兴趣盎然。

三、教学方法要灵活多样，充满情趣

单一的教学方法是乏味的。即便是一个好的方法，经常用也会失去它的魅力。为了激发学生的兴趣，保持学生的兴趣，巩固学生的兴趣，教师要认真钻研教材，根据教学内容的不同，采取不同的教学方法。如初学、巩固和复习就不能用一样的方法。这就要求教师付出心血，不断地探索，不断地追求。在教学中，这应该是教师大有作为的地方。

比如教英语字母吧，26个英语字母说起来很简单，但真正教得快、教得好，让学生学得有趣味，也并非每一位教师都能做到的。有的教师照本宣科，每次几个字母，依次教完就过去了。可有的教师把字母做成卡片让学生做字母排队游戏，分组进行字母排队比赛，教唱字母歌。这样做学生学得快而好，还锻炼学生的观察能力，反应灵敏能力，集体观念。两种做法，两种效果：前者索然无味，后者其乐融融。开始教英语单词，教师可充分利用直观教具，比如教 football，教师指着足球："What's this？ It's a football." football 这个单词在课堂交流中多次出现，足球的音形意深深印在学生脑子里，以后看到足球就会脱口而出 football，而不需要汉语翻译作中介。教单词也在教思维练习。如果进行单词复习，我们可做猜一猜游戏。比如复习 bell、football、pen、book、car、jeep 等名词，我们便可把准备好的实物、图片、模型放在讲台上，

先让学生看一遍，然后放到讲台下，悄悄地把一样东西（比如书）放在一个准备好的大袋子里，然后拿出，用学生已学过的句型问：

T：What's in my bag？

学生猜后回答（宜单人进行）

S：It's a football.

如果答不对，就说

T：No，it isn't.

接着问另一个学生

T：What's it？学生猜答

S：It's a book.

猜对了，教师鼓励这个学生说

T：Yes，you're right.

如果学了 clever 还可进一步说

T：You are very clever.

然后再换一件继续进行。如此等等，既复习了单词，也熟悉了句型，既练了听，也练了说，同时学生不以学为苦，而是兴趣浓厚地参与。

教句子开始可进行听力比赛，看谁最先说出所听的句子，看谁读得好，进而进行单词组句比赛等，都可提高学生兴趣。这比老师一遍一遍地讲，学生一遍一遍地读，效果要好得多。教课文，可根据不同体裁和内容，在不同阶段，可采用模拟对话，扮演角色，讲故事，述大意，改变人称，变对话为叙述，变叙述为对话，即兴口头作文，看图说话，组句成文等多种形式。这样就会把死教材活用，学生学得兴趣浓，用的机会多，效果必然好。

四、课内外相结合

英语教学应主要放在课内，向 45 分钟要质量。但要学好英语光靠每周几堂英语课是不够的。所以，我们还要大力开展课外教学活动。但这种活动，不应是课内教学的继续，也不应是无组织的放任自流，教师应根据不同班级的情况，按学生的不同层次、不同水平、不同爱好进行适当地组织。比如，有目的地培养骨干，开展英语游戏，举办演唱会、朗诵会、英语讲演比赛、英语识词默写比赛、英语作文比赛、英语听力比赛等，既可各班进行，也可同年级、全校进行。其目的是活跃学生课外生活，巩固课内学的知识，创造英语气氛，培养学生学英语的兴趣，使课内外结合，相得益彰。

第十六节
初中英语教学方法之探究

学英语说易就易，说难就难，那么教师如何让学生容易地学习英语？

一、更新教学思想

教学班就是一个教学互动组织，教师和学生都是这个组织的成员，双方应互相支持，互相学习。教师的任务在于帮助学生认识学习对象，明确学习任务，确立学习目标；组织学习活动，创设学习环境；传授获取知识的方法。在教学过程中，教师要重视师生认知领域里的思维活动、能力领域里的训练活动、情感领域里的心理活动，并且注意三者的结合，以创造在学生年龄段上堪称高水平的影响深远的学习活动。

二、探索教学方法

1. 激趣法

教育心理学告诉我们，只有学生感兴趣的东西，学生才会积极地开动脑筋认真思考，并以最简捷、最有效的方法去获得最必要的知识，这就是求知欲。可以说，没有兴趣就没有求知欲。

当学生初学英语时，兴趣都很浓厚，但随着学习英语难度的增加，逐渐遇到一些困难，如单词记不住，语音、语调掌握不准等，就会产生畏难情绪，学习效果也随之降低。在这个关键时刻，一方面教师要帮助学生在认知领域里学会动脑，传授给学生可供思考的知识，避免死记硬背。比如在引导学生读、记单词时，教师要教给学生拼读规则；同时，继续采用新奇而具"刺激"的教学手段，如放录像，挂图配合录音，开展"默写单词、背诵句型"的竞赛等，以帮助学生维持兴趣。另一方面，在情意领域里，教师要帮助学生了解学习材料，明确学习目的，以提高学英语的理性认识。同时，帮助学生建立英语学习的目标体系，指导他们寻求达成一个个目标的途径和方法，鼓励他们在达成目标的过程中克服困难，磨炼意志。如此不断努力，一个个目标实现了，积小胜成大胜，学生的学习兴趣就更大、更持久。

2. 创设情境法

任何人总是从特定的背景中走出来，进入学习状态的，这个背景就是学习者和周围的环境、人群之间的关系。初中生年龄小，活泼好动，影响他们进入学习状态的因素更是多种多样。因此，教师在课堂教学中应注意创设情景，创设语境，吸引学生很快进入学习状态，同时保证他们在课堂上始终保持昂扬、奋发、进取的精神状态。主要做法是：①建立课前2分钟用英语提问值日生制度，使学生牢固掌握每一课的日常用语句子；②课堂教学中讲英语，让学生置身于英语的语境之中，利用实际生活情景、表演情景、模拟交际情景、直观教具创设情景等形式，帮助学生听懂英语，进而理解枯燥的单词、乏味的句型；③课堂答问，师生用英语作简单对话；④遇到有情节的课文，组织学生扮演角色，说一说，演一演；⑤每节课尾留出5分钟，让学生用英语练习说新学过的知识，或看图说话，或自由会话，或叙述某事某物。

3. 活动育智法

英语课堂上的活动是为了巩固、扩充学生所学到的知识，是为了发展他们的思维，培养他们学习和运用英语的能力。

例如，我在教授初中英语第1册新书时，根据大纲要求、教材的知识体系和能力训练体系，分单元设计活动内容、活动形式。如，练唱字母歌及英语歌曲，猜谜语，背诵小诗，模拟会话，讲述内容简单的小故事，角色扮演，等等。这些活动多放在课内进行。有些活动还可放在课外进行。如开辟"每周10题"的英语学习专栏，选出与课文内容相关的练习题或短文，供学生自学，以巩固新知，拓展知识视野。再如，开展"结对子，一帮一"活动，"对学"之间的活动主要是随时随地，见缝插针，触景生情，自由会话；还时常举行朗读、讲故事、绕口令竞赛，期末举办英语晚会等，以训练和提高学生的读、说能力。这么做，克服了课外活动的盲目性、随意性，提高了活动效果，真正使课外活动成为英语教学的有机组成部分。

第十七节
浅谈初三英语教学

初三是整个义务教育阶段的重要一年，也是最关键的一年，为使学生在英语这门学科上取得更大的进步，在中考中取得优异的成绩，结合乡镇中学的学生学习英语的特点，我在教学中尝试了一些教学方法，现总结如下。

一、树立信心，明确目标

信心是动力，目标是方向。初三英语生词多，课文长而且难，听、说、读、写要求高，再加上部分学生英语基础差、水平参差不齐等，学生在学习中将会遇到许多困难。因此，信心十足、目标明确是成功地进行英语教学的一个重要因素。一是教师要上好课，如备好课，吃透教材，抓住重点、难点，做到有的放矢。二是教师要提高授课的效率，注重授课的艺术，活跃课堂气氛，激发学习兴趣，采用灵活多变的教学方法。

英语学习不可盲目，一定要制订一个切实可行、周密有效的计划。同时教师要给学生明确各阶段的学习目标，并制订相应的方案来保证目标的实施，要加大督促检查的力度，并在此基础上进行总结。在教学过程中，应注意思想教育与知识教学互相渗透，寓思想素质教育于知识教育之中。加强学生的理想、前途教育，结合每年的中考情况，举例讲解

部分学生其他科目成绩都很不错，却因英语成绩不好，而没能考入理想的高中，让学生认识到学英语的重要性，鼓励学生树立远大的理想，努力学好英语。

二、夯实基础，查缺补漏

英语基础对英语学习至关重要，对英语基础差的同学更应加强这一要求。如何在较短的时间内做到这一点呢？

1. 立足课本，夯实基础

初三英语学习主要是以深化基础知识为主。在学习中要分阶段学习，以大纲为标准，以课本为依据，按照课本的编排顺序，每一册、每一单元、每一课都要细致地学习，力求基础、全面。所谓基础，是指学习要抓住"三基"，即基础知识、基本技能和基本解题方法。所谓全面，一是指学习要全面覆盖所学知识，不遗漏任何一个知识点，二是要面向全体学生，防止片面追求高分现象，绝不能冷落后进生。

2. 找出不足，查缺补漏

查缺补漏主要体现在词汇、日常交际用语上。词汇的补漏工作应穿插在单词教学的时候进行。在教新词的过程中及时讲解有关的语言知识和单词辨音，及时归纳所学过的单词；在复习时要善于触类旁通，力争使没有掌握的逐一巩固。日常交际用语的补漏要融汇于"四会"的语言运用中。要努力使基础知识转化为技能，要不断提高学生的英语日常交际能力，力争做到听得懂、说得清、读得透、写得好。

三、模拟训练，综合提高

查缺补漏后，学生的基础知识已比较全面、系统、完整，但是对于重点内容还要以专题的形式进行训练，以便于进一步突出重点，同时要强化易错点。为达到这一目的，教师要选取针对性强的模拟训练题进行训练，然后进行讲评。那么，如何讲评呢？好的讲评应该在讲评之前认真地分析，找出学生的错点，并在课堂上讲评时抓住这些易错点，帮助学生弄清出错的原因，使学生及时纠正错误。同时，讲评不能就题论题，而是应该抓住试题中的典型题目，讲清原理，归纳方法，总结规律，并对典型题目进行引申、推广。要做好这一点，需要注意以下两方面：

1. 课本为主，资料为辅

那种一味注重资料而放弃课本的做法是本末倒置的，同时那种排斥资料中所提供的先进信息的做法是固步自封的。毋庸置疑，课本是基础，而好的资料则是加深课本知识、提高学习能力的重要手段。任何资料都不能代替课本，但资料可以突出课本的重要内容，可以提供课本中所不具有的先进理念和与时俱进的信息。因此，无论是开始复习的夯实基础阶段，还是构建知识网络、归纳基本方法及技巧阶段，都要在立足于课本的基础上进行。但同时要精选有典型性和针对性的资料，这样有利于学生掌握解题方法和解题规律。

2. 讲练结合，练重于讲

基础知识的总结、知识网络的构建、基本方法和技巧的归纳都离不开讲，但更离不开练。不练习，学生所获得的知识就不牢固，更不能深化，因此练比讲更重要。要精讲，也就是要突出重点，抓住关键；要多练，就是让学生做足量练习，但杜绝那种不加选择的重复练习，要有针对性。

总之，初三阶段学习英语的方法很多，但正确把握以上三点是学好英语行之有效的方法。只有让学生们树立必胜的信心，夯实基础并有针对性地训练，才会提高学习效果，在中考中取得优异的成绩。

附一
牢记单词有诀窍

小学生在学习英语的过程中，最感头疼的是记忆单词。尽管他们花了大量的时间和精力记单词，可总是记不住。原因何在呢？那就是他们没有掌握科学的记忆方法。英语词汇的记忆是整个英语学习的基础，没有词汇量就不可能有高水平的英语听说读写能力。以下是一些记忆方法的介绍，供大家借鉴。

一、读音规则记忆法

它就是按照元音字母、元音字母组合、辅音字母及辅音字母组合在开音节和闭音节的读音规律记忆。例如：ea、ee 发 [i:] 等。还有些前缀、后缀，例如 a-、re-、un-、dis-、im-和 -ed、-ing、-ly、-er、-or、-ful、-y 等都有其相对固定的发音。掌握了这些规则，记单词时就不必一个字母一个字母地记忆了。

二、字母变化记忆法

英语单词中以某个单词为基础，加、减、换、调一个字母就成了另一个新单词。具体方法如下：

1. 前面加字母。例如：is → his，ear → near、hear，read → bread

2. 后面加字母。例如：hear → heart，you → your，plane → planet

3. 中间加字母。例如：though → through，tree → three，for → four

4. 减字母。例如：she → he，close → lose，start → star

5. 换字母。例如：book → look、cook，cake → lake、wake、make、take

6. 调字母（即改变字母顺序）。例如：blow → bowl，sing → sign，from → form

三、联想记忆法

在日常生活中可以根据所处的环境，所见到、所接触的事物，联想相关的英语单词。例如打球时联想到：ball、(play) basketball、(play) football、(play) volleyball、playground 等等；吃饭时联想到：dining-room、(have) breakfast、(have) lunch、(have) supper 等等；睡觉时联想到：bed、bedroom、go to bed、sleep、go to sleep、fall a sleep 等等。如果长期坚持下去，效果就会很好。

四、归类记忆法

在记忆过程中，把所学到的全部单词进行归纳、分类、整理，使其条理清晰，一目了然，然后再分别记忆。

1. 按题材分类。例如：把名词分为生活用品、动物、植物、水果、食物、家庭成员、人体各部位、学习用具、学科、交通工具、地方场所、星期、月份、季节等；把动词分为系动词、助动词、行为动词和情态动词等。

2. 按同音词分类。例如：see — sea，right — rite，meet — meat

3. 按形近词分类。例如：three — there，four — your，quite — quiet

4. 按同义词分类。例如：big — large，hard — difficult，begin — start

5. 按反义词分类。例如：right — wrong，young — old，come — go

6. 按读音分类。例如：字母组合 ea 在 eat、meat、teacher 中读 [i:]；而在 bread、ready、heavy 中读 [e]；在 great、break 中读 [ei]。这样不仅单词记住了，而且读音也掌握了。

五、构词记忆法

掌握一些构词法知识，能大大地增加自身的词汇量。英语构词法主要有以下三种情况：

1. 派生法。这种方法就是在一个词根的基础上加上一个前缀或后缀，从而构成另一个新词，并且与该词根的含义有着密切的联系，此类词便称为派生词。常用的前缀 in-、im-、un-、dis- 等表示否定含义；后缀 -er、-or、-ist 等表示人；后缀 -y、-ly、-ful 等表示形容词性等。如：like — unlike，teach — teacher，friend — friendly 等。

2. 合成法。这种方法就是把两个或几个各自独立的单词并到一起组成一个新的单词，由此法构成的单词便称为合成词或复合词。如：black（黑色的）＋ board（木板）→ blackboard（黑板），class（班）＋ room（房间）→ classroom（教室），foot（脚）＋ ball（球）→ football（足球）等。

3. 转化法。这种方法就是在不改变拼写形式的基础上，由一种词性转化为另一种词性，主要有名词转化为动词、动词转化为名词、形容词转化为动词或名词等。如：water（n. 水）→ water（v. 浇水），lift（v. 举起）

→ lift（n. 电梯），last（adj. 过去的）→ last（v. 持续）。

六、循环记忆法

它是指对识记的单词反复记忆的方法。根据艾宾浩斯提出的遗忘规律，人的遗忘从识记后便开始，先快后慢。因此，复习的时间间隔就应是先短后长。例如，今天学到的单词，在当天背熟之后，第二天、第四天、第七天、第十四天、第二十八天都应复习一次，这样才能形成长时间的记忆。

七、阅读记忆法

也就是把单词的记忆融入阅读之中，在看一篇文章的时候，遇到不认识的单词先做记号，并猜测它们的含义，等到把全文看完后再从词典上把它们的意思找出来。就我自己的感觉来说，这种方法不枯燥，记得比较牢，但缺点是记忆的单词量比较少，而且耗时也比较长，不适合想速成的同学。

八、笔记记忆法

具体做法是找一本笔记本，把它的一页按中间对折，然后从词典上把英汉意思抄上去，英语单词或词组抄在左边，汉语意思抄在右边。然后把所有的单词背三遍，先英汉对照背一遍，然后分别只看英文或只看汉语解释背一遍（把页面折起来，使自己看不到英文或中文部分，以免受干扰）。这种方法记忆单词的量大而且记忆比较牢靠，但需要不怕麻烦和辛苦的人才能做到。

九、间隔反复记忆法

如果你盯着一个人连续看三个小时，但以后再也看不到他了，那么也许一两个月后你就把他的长相给忘了，但是如果你把这三个小时分配到许多天中，每天只看那个人一两分钟，这样下去你就长时间都不会忘记他的长相。具体做法就是先规定自己一天背的英语单词的数量，然后在一天中每隔一段时间把这些英语单词通背一遍，相隔的时间不宜太短，以 2—3 小时为宜，早上背一遍，中午背一遍，下午背一遍，晚上再背一遍或两遍。隔几天后再把这些背过一遍。如此循环下去，会收到很好的记忆效果。这种方法适合时间比较充沛、可以专门用一段时间来学英语的人。它的优点是可以在短期内记到大量的单词，而且可以记得较牢；它的缺点就是非常枯燥，要有毅力的人才能坚持背下去。

十、联想记忆法

看到某个单词，应该回想一下，是不是和自己以前记忆的某个或几个单词在形或意思方面近似。譬如，遇到 consult，就应该想到和这个单词的外形差不多的单词 result、insult 等，这样就会记忆一个单词的同时又复习了其他的单词，而且不致混淆。再如，学习 fetch 的时候，就应该想到它和 take、bring、carry 等单词在用法上的区别。当然，很简单的单词（已经掌握的）就不必展开联想，应因人而异。

十一、查词典学单词记忆法

遇到不会的单词先猜，猜不出再查，不要一遇到就查，这样不利于自己去记忆单词（所谓不经过努力得到的是不会珍惜的）。查的过程中，切忌仅限于所查的单词。譬如在查 respect 的时候，就应该做到"一目十行"。此时一定要"勤"。也就是在查该单词的时候，应该注意它的前后几个单词。因为它的前后几个单词往往就是它的派生词或形近词，这样记一个就能记住好几个，做到事半功倍。如 respectable、respectant、respecter、respective、respectful 等就是在 respect 的基础上形成的单词。我虽然背的不多，但也有一点儿自己的体会。我认为生词记忆的量以每天 50—100 词为宜，即使你有很多时间，也不要一天背太多，以免互相干扰。在背词汇表的时候，通常里面有不少词你已经掌握了，可以掠过去不看。对于词汇表中那些生词，可以采取以下策略：以四个为一组，对连续的四个生词反复多次进行记忆，直到你在遮住右半边的中文只看英文的情况下，能够立即说出其对应的中文含义，然后再背下面四个生词。当背了 5 组（20 个词）后，再从头把这 20 个词检查一遍；对那些记不住的词，在纸上抄几遍，以加强记忆。第二天，在开始背下一部分之前，同样应该把前一天背的部分快速检查一遍，有生疏的要抓紧处理，不要拖延过长时间。另外，强烈反对使用软件背单词，传统的学习方法效果其实是相当好的。我背的是最简单的词汇书，只有单词、音标，不超过 5 条释义；我认清一个新单词的读音后，偶尔在草稿纸上抄 2—3 遍，在心里默诵它的意思约 30 秒，然后背下一个单词。把一张纸都背完后，我用一张小磁卡遮住中文只看英文，再遮住英文只看中文。每天约背 100 个单词。一次写一半字母，然后猜另外一半，有助于提高记忆水平。睡前背效果比较好一点儿，联想也丰富。用毛笔比用其他笔效果也更好一点儿，记忆深刻。英语六级考试的前三个月，我每天都会做题，一天做一篇阅读理解，还有 30 个单项选择题。这样做下来，我把不会的单词用一张纸记下来，一天大概可以把一张纸记满单词。在纸上写上日

期，贴在墙上，没事的时候就背，一天也能完成 30 几个单词的记忆。这样一天一天不断记新单词，再复习以前记过的，当然不是记下所有的，而是记出现频率比较高的单词。事实证明，这个方法还不错，因而总结出来供大家借鉴。

总之，单词记忆的方法多种多样，只有采用科学的、行之有效的记忆方法，认真地、及时地、周期性地复习，才能大大提高英语单词的记忆效果。

附二
怎样学好英语

一、培养学习英语的兴趣

爱因斯坦曾经说过:"兴趣和爱好是最好的老师。"浓厚的学习兴趣,可以使人集中力量,深入思考。如果让你去做一件你毫无兴趣的事,你根本无法做好。任何事都是如此,英语学习也不例外。

有的同学说:"我天生就对英语没兴趣。"此言差矣。有些兴趣并非与生俱来,而是后天培养的。为什么不试着通过你感兴趣的东西去靠拢你无兴趣的英语学习呢?例如,有人喜欢音乐,有英文歌曲;有人喜欢看影视剧,有中文字幕的英语电视剧和电影……千万别把英语只理解成枯燥的单词、语法,千万别把英语学习当成一种负担。

培养学习英语的兴趣,这是学好英语的第一步。

二、单词记忆的几种方法

英语单词是整个英语学习的基础,如何掌握好每个单词的发音和书写是摆在我们面前的一大难题。以前我记忆单词没有什么好方法,只会死记硬背,不但记得不熟,而且记住后还容易忘记,效果自然不好。后

来，我多次请教老师，寻找课外资料，在不断的实践中，记忆单词的能力有了很大的提高，还总结了几种记忆单词的方法：

1. 由音及形法。即弄清每个单词中的字母或字母组合的发音，根据读音写出相应的字母及字母组合。这样既可以帮助我们准确发音，又能较容易地记住单词拼写。

2. 分类法。把学过的单词按其属性分门别类串在一起记。例如：

季节：spring, summer, autumn, winter

学科：English, maths, physics, history, Chinese

颜色：red, yellow, white, black, green

3. 联想法。利用词与词之间类似之处进行对比，利用词与词之间的差异进行分析辨认。这不仅能加深我们对新词的印象，还同时巩固了旧词。例如：

近形近音　plane—plant—plan—planet

同义词　big—large, tall—high, perhaps—maybe

反义词　heavy—light, left—right, return—borrow

词的搭配　look at—look for—look up—look after

单词犹如万丈大厦的基石，学好单词才能在英语学习过程中迈出一大步。

三、多听多说，提高听说能力

听说关，是英语学习中又一大难题。我们学习英语的目的就是为了交际。如果听说关过不了，就真的成了"哑巴英语"。

关于听力，没有别的途径，只能多听。听什么？当然是我们的英语教科书配套的音频材料，仔细听发音，揣摩朗读者的语调，尽量跟随他的语速。在此基础上选择一些课外材料练习听力，最好是英文原版语速稍快的音频材料。

背课文是一个虽枯燥但行之有效的练习口语的方法。初中时，英语老师常对我们说："读和背是不同的，背过的课文印象深，里面的句子换了词也能张口说出，会逐渐形成一种语感。"多开口讲是一种锻炼的好方法。不要怕出错，说得不对可以改，不说有错永远也改不了。多与同学用英语交谈，一句、两句慢慢慢发展到可以用英语沟通一些简单的话题。再有，不要管对方会不会英语，听得懂听不懂，也可以对他说，这样是不是会更大胆、自然呢？这也是一种锻炼。

四、写英语日记是学习英语的好方法

俗语道："拳不离手，曲不离口。"把所学的英语知识用在自己的英语日记中，久而久之，可大大提高自己的英语水平。

诚然，我们学的英语还很有限，但作为复习性的将所学英语句型、单词串联起来，进一步扩展，表述我们的思想，就可以写好英语日记。但要注意的是：

1. 持之以恒。写一两天的英语日记看不出什么进步，只有长期的坚持才能有大的收获。

2. 忌"生""繁"。写英语日记最忌生冷、繁杂，搞一些不伦不类的花样，生造一些不符合英语习惯的表达方式，通篇都是些"Chinese English"（中文式英语）。这样不但不能提高英语水平，反而会对英语写作产生负面影响。

附三
英语学法初探

在英语教学中，加强英语学法指导是大面积提高英语教学质量的根本途径。在教学过程中，教法与学法是相互作用的整体，只注重教法而忽视学法，犹如飞机两翼缺了一翼。新《大纲》指出："教师要指导和帮助学生养成良好的学习习惯，掌握有效的学习方法，培养自学能力。"因此，应该把学法研究与教法研究有机地结合起来，从根本上解决学生"学"的问题，充分调动学生学习的主观能动性，提高学生的学习能力，这样才能真正达到新《大纲》有关强化"学"的功能的要求。结合教学经验，我在这里介绍一些广泛适用的学习英语方法：

一、课前预习法

针对即将学习的内容布置预习思考题，让学生带着问题预习课文，初步掌握基本内容。如就初中英语第3册的第38和第39课可布置三个问题：① What's Mr Green's problem？② Why is he worried？③ What does Mr Green want？

二、温故知新法

预习中发现与新课有联系的旧课文、旧知识，可先复习旧课文，回忆旧课文，对比新课文，以旧引新，一举两得，印象将更深刻。如初中英语（新教材）第3册中有很多课文都是初中英语第2册课文、对话、语法现象的扩展、加深和再现。又如，初中英语第2册第9单元和初中英语第3册第17单元，初中英语第2册第15单元与初中英语第3册第10单元，都含有相互联系的内容。

三、循序渐进法

新课开始，可要求学生按几个步骤循序渐进：读—划—查—思—写。先让学生拼读单词，把句型或课文中不懂的新单词、词组或语法划出来，再查阅课文注释、笔记本或工具书，然后把查出的资料上的答案写下，紧接着结合预习情况独立思考，并初步看一看课后练习，最后写下不理解的问题，也可记下新看法，带着问题听课。课前预习能清除学生听课中的障碍，提高听课效率，但要注意解决难点，领会关键所在，克服笔记的盲目性，这样才有利于训练思维能力，培养自学能力。

四、灵活运用多种记忆法

1.归类联想法。由一个词联想到同一类别的词，归纳成表，可加深记忆。如由 father 联想起 mother、daughter、son、brother、sister、uncle、aunt 等家庭成员的名称；由 head 联想起 face、eye、nose、ear、mouth、tooth、neck、chest、back、arm、hand 等众多表示人体器官的名词；由 car 联想到 bus、train、ship 等交通工具。

2. 类比联想法。由于客观事物在本质或现象方面有类似的地方，因此我们可以用类比联想的形式比较同形同音而意义不同的词，如：right（右方）与right（正确的），light（光）与light（轻的）。比较音同而词形词义均不相同的词，如：weather（天气）与whether（是否），deer（鹿）与dear（亲爱的），where（哪里）与wear（穿）。

3. 接近联想法。可在学习材料中寻找有关因素为"支点"而进行联想记忆。如Frenchman这一名词意为"法国人"，拆开这个单词看，它是由French和man构成，由此联想起一个句子"Frenchmen speak French in France."；又联想"Germans speak German in Germany."；还可联想起由man组成的复合词，如postman、salesman、policeman、dustman、fireman、workman、milkman等等。

4. 顺口溜法。顺口溜可帮助学生记忆单词、语音、语法规则，收到复习效果，提高记忆效率。如巧记序数词顺口溜：1、2、3各有异，8少t，9少e，ve和f两兄弟（five、fifth、twelve、twelfth），以y结尾改ie（twenty、twentieth）。又如巧记oo发短音的单词："好脚站在木头上，遇到老k发短音"（good、foot、stood、wood、book、cook等）。

5. 循环复习法。遗忘是心理活动的普遍现象，具有先快后慢的规律。要防止遗忘就要定期循环复习，而不要在忘记之后重新记忆。在时间间隔上，采用先短后长的形式。如当天内容当天复习，复习后做作业，然后隔一两天复习，继而隔一两周复习，再后隔一个月复习，期中、期末再总复习。用这种方法来记单词、词组效果颇佳。

6. 最佳心态法。学习英语的心理要素包括学习情绪和考试心理卫生。遗忘是学习英语的一大障碍，为了战胜它，增强记忆欲，必须创造一种最佳的心理状态。这种心态含有自信心和成功感，创造愉悦的心情，才有强烈的记忆欲。对后进生要多鼓励，少责备，帮助他们树立自信心，授以记忆方法，促其心态平衡，心情舒畅，使记忆神经处于活跃状态。

学法的掌握关键在于教师的"教"。一方面，教师在教课过程中体现学法，指导学生探求获得知识的过程和方法，提供学法模式；另一方面，教师可通过专题讲座、咨询等形式给予指导，让学生获得适合自己的学习方法。

经过三年的探索和尝试，以上诸法在中考中收到了明显的效果。这些学习方法既有效地防止了两极分化现象，又提高了教学质量。古人云："授人以鱼，供一饭之需；教人以渔，则终身受用不尽。"教的目的在于不教，在英语教学中，教授正确的方法，是提高教学质量的根本途径，也是迈出英语教学改革切实有力的一步。

第二章
班级管理

第一节
做好班主任工作的五大守则

要想做好班主任，管理好班级，必须遵守以下五个原则。

一、爱阅读

一个人的视界宽了，心胸自然也会宽广许多，心胸宽广的人对身边的小事不会斤斤计较，没有了斤斤计较，快乐自然会伴随我们。拓宽我们视界的最为便捷的方法，恐怕就是阅读了。

阅读真是一件令人愉快的事情。闲来无事，躺在床上，或斜靠沙发，或端坐书桌前面，或把自己置身于冬日的暖阳怀抱，或放自己于清清河边。手捧心爱的书，醉心阅读，心随作者或喜或悲，或爱或恨，或南或北，或高山或大海，或扬鞭或策马。心的自由只有自己知道，那份阅读图书后的酣畅淋漓，是任何金钱都难以买得到的。

无论是手捧书卷，还是面对电脑，我们都能够足不出户而畅游世界的各个角落。记得有一次，一个朋友去云南旅游，在电话中我们畅谈云南各处风光和风土人情。他每到一处，都会和我电话交流，一直到他回来，才知道我根本没有去过云南。能够因阅读和朋友畅谈，解朋友旅途寂寞，不是一件值得高兴的事情吗？课堂上，教师引经据典，谈古论今，话题涉及海内外，这种时候看讲台下学生的眼光那样的明亮和充满羡慕

之情，作为教师，能不高兴吗？受教师人格魅力的感染久了，学生也会和你一样，走进阅读世界，做你的挚友，还有比这更愉快的事吗？

读书，读网，读学生，读生活，读人生。阅读，是快乐班主任的快乐源泉。想做快乐的班主任，请走进书海阅读吧，以自己对阅读的喜爱之情，感染学生，和学生一起，做快乐的阅读人。快乐自己也快乐别人。

二、多"粗心"

大多数人会觉得，班主任要细心，这一点我也相信而且支持。但是，许多时候，我们也要学会"粗心"。当你学会适当"粗心"的时候，你会发现，一个"粗心"的班主任，有时也会受到学生的喜欢，也会带给学生和自己快乐。

在和学生相处的过程中，对很多问题班主任要"粗心"对待。这种"粗心"和构图中的模糊概念异曲同工，都能达到美的效果。

这里说的"粗心"，并不是真的在生活和工作中粗心大意，而是一种处理问题的方法。

和学生交往，有很多时候是不能完全分清对与错的。因为成人和孩子的世界观不一样，思想不一样，认识问题的角度不一样，处理问题的方式方法不一样，感情指向也不一样。由于这么多的不一样，班主任要是拿自己的观点来约束学生，只能使师生之间产生隔阂，产生所谓的代沟。隔阂和代沟的产生，会让师生之间的关系不和谐，在不和谐的氛围里生活和学习，既不利于学生的成长，也不利于班主任的工作，这种双输的局面，我们一定要尽力避免。

班级管理工作，重点不在管理，在引导。在引导学生的过程中，有很多问题不能强求结果，或立等结果出现，因为教育是循序渐进的长期积累工作，急功近利者搞不好教育，只会破坏教育。

"粗心"守则第一条，不急于求成。对那些已经养成不良习惯的学生，有很多班主任并不是没有下功夫帮助他们，而是这些班主任太过心急，一次两次的教育，就想取得结果。一旦学生没有按班主任的预期发生变化，或者学生发生不良反复的情况，大多数班主任会感觉异常委屈，会觉得自己的好心没有得到回报，会对学生产生失望心理，会痛苦，甚至会对孩子产生恨意。其实大可不必，学生是活生生的人，学生的行为习惯是多年以来养成的，要想改变会非常困难，也会需要相当长的时间。

遇到这一类问题的班主任，一定要记住快乐班主任守则之"粗心"守则第一条，不急于求成。急于求成只能增加你的苦恼，不但对学生的教育无济于事，而且会消磨做班主任的快乐。当然，不快乐的班主任很难带给学生快乐，这是毋庸置疑的。

如果班主任能够正确认识这一点，能够以一颗平常之心对待学生，能够和学生一起慢慢改变，相信学生在和班主任和谐相处的日子里，会做出改变，哪怕这种改变是那么微不足道。不急于求成的班主任，会看到学生最微妙的变化，也会为学生最不引人注意的变化而高兴。有了这份高兴和欣喜，班主任就不会对学生有过高的期待，也不会因为学生的不良行为的反复出现而产生过激的想法和做出过激的行为，这样既不伤害自己也不伤害学生。

多和教育专家们接触，通过读他们的书，聆听他们的教诲。我们会发现，教育不是万能的，教育是需要有耐心的，教育是急不得的。只有不懂教育的人，才会急于按他心里的想法去把学生培养成某种模式，这样只会害学生害自己，只会破坏教育者在人们心目中的形象。

"粗心"守则第二条，假装看不见。学生有很多时候会犯无意识的错误。例如，班里有一对男女生走得很近。这种时候，班主任一定要相信

学生之间仅仅是有好感，是一种友情。如果班主任不"粗心"，不假装看不见，很有可能会给学生造成伤害，更有可能会激起学生内心深处的逆反心理，反而会导致学生做出傻事。相反，如果班主任在这种时候"粗心"一下，假装看不见他们的行为，而且还时不时地给他们安排一些比较困难的工作，给他们定一些对他们来说较高的目标，给他们推荐一些适合他们阅读又能给他们提示的书或者文章。班主任在做这一切时，一定要不动声色。学生会在完成这些事的过程中，在加深接触后更加了解对方，大多数学生会在进一步的了解下分开，也有一部分学生会共同进步。现在的学生的童年和少年生活实在太无趣了，就让我们班主任的"粗心"给学生留一些可供回忆的往事吧。因为班主任的"粗心"，实际上是对他们的这种青春期对异性好感的淡化处理，大多数学生会把那份美好友谊继续下去，而不会发展为我们担心的早恋。

"粗心"守则第三条，在有些班务上"粗心"，等学生提醒你。不要以为这会表现出班主任的无能，这种提醒实际上是对学生责任心的培养。现在的学生缺乏责任心是不争的事实。作为班主任，我们不能够停留在做慈爱的妈妈角色上，我们是师长，家教误区留给学生的伤害，班主任有责任给弥补。关于培养学生的责任心问题，任重而道远。有的时候，"粗心"的班主任做错一件小事，经学生提醒后恍然大悟，立即改正，会给班级工作带来十分有益的影响。

三、偶尔吝啬

刚做班主任的时候，我常常像母鸡护小鸡一样护着班里的每一位学生。每天放学时我都要喋喋不休地交代很多事情，如果哪一天忘了交代什么，会内疚一个晚上，会担心一个晚上，直到第二天学生安然无恙地坐进班里为止。作为班主任身心的疲累是难以用言语表达的。

学生对我的依赖越来越强。钢笔忘带了找我，书忘带了找我，吃饭钱花光了找我。下雨天找我借雨具，下雪天找我借外套。

在学生"老师""老师"的叫声里，我曾经感觉非常温暖，而且内心充满力量。最主要的是，我的保护欲得以无限满足。

时间久了，我逐渐发现了一些问题，学生做事情变得丢三落四起来。每周都会有不少家长到学校给孩子送作业本；有时候晚上会有家长打电话给我问孩子的作业；下雨天送雨具的家长越来越多。作为班主任，我变得更加忙乱，整天为一些小事忙得焦头烂额，幸福感在一点点消退。特别是有一位离学校近的好家长也像我那样准备了很多雨具，可是每到下雨天依然供不应求。

当那位好家长和我谈起这件事的时候，结合平日我的发现，我心里很不是滋味。那种保护者的自豪感荡然无存，心中的温暖渐渐冷却。这样培养出来的孩子会做什么？

一个念头悄然滋生：班主任在很多时候需要吝啬。

下雨了，一个小姑娘一蹦一跳地跑到我的办公室："老师，我忘了带雨伞，把你的伞借给我吧？"看着可爱的小姑娘，我暗暗狠下心来，告诉自己要做一个吝啬的班主任。于是我冲她摊开两手："你瞧，我也要享受雨中漫步的浪漫了。没有办法，谁叫我也忘了带雨伞呢？算是对我们的惩罚好了。"

我没有再听小姑娘后面说的话，装作忙其他事情离开了。

作为一个班主任，特别是作为一个热爱学生的班主任，下雨天有雨伞却不借给学生，个中滋味，没有经历过的人绝对难以想象。

虽然喜欢雨中行走，可是那天，当我拒绝了几个借雨伞的学生后，一个人走进雨中，心里却怎么也无法像平时走进雨中那样兴奋。

经历了一段时间这类狠心拒绝学生的心理煎熬后，我突然发现，我的班主任工作轻松了许多，快乐了许多。

要想做快乐的班主任，最好学会吝啬。吝啬一段时间之后，学生行为慢慢有了变化。最明显的，下雨天送雨具的家长少了，也没有人向我借雨具了。每天关注天气预报的学生变多了，天冷知多穿衣，雨天记着带伞，已经养成了习惯。每天留的作业用专门的小本本记录好，晚上再也没有家长打电话给我问作业了。

做事有计划、有准备的习惯还影响到学习效果，学生会将每天的预习、复习、作业、游戏等时间安排得井井有条。这样，学生节省出很多时间，用来学习对对子，或者读一些好的文章，讲一些好的故事，或者师生坐在一起议论议论国家大事等。

如此一来，班主任从繁琐的事务中解脱出来，有了更多的时间思考教学工作；学生把自己从过多的依赖中解脱出来，有了更多的独立自主的空间。

师生相互间的独立性容易使师生建立平等的良师益友关系，促进师生建立平等的对话平台，为师生之间真正平等对话打好基础。在此基础之上，建立和谐的人文环境，推进班级管理的人文化、个性化发展，形成宽松的学习和交往环境，为未来培养优秀人才。

一旦这样的氛围形成，班主任的工作就会进入一种全新的状态。

班主任之所以吝啬是为了培养学生的独立性。偏离了这一目的，别说做快乐的班主任了，连做一个能够胜任工作的班主任都会很难。要想做一个吝啬而快乐的班主任，必须明白什么时候要吝啬，吝啬之后会出现什么结果，该怎样吝啬。这些只有通过具体的实施过程，班主任才能够有所体悟。

班主任千万不能再像学生的作文中写的那样了："我的班主任老师就

像是慈爱的妈妈。"你去做妈妈了，要人家的妈妈下岗吗？班主任既要关爱学生，更要关注学生的未来，关注学生的全面发展，关注学生将来与社会的对接，关注学生的身心健康发展。

吝啬我们的溺爱，合理地对待学生的要求；吝啬我们的疼爱，科学地对待学生的发展；吝啬我们的肩膀，用心对待学生的成长。

四、树立正确的目标

班主任是一个很尴尬的角色。在学校管理工作中，班主任的工作占着举足轻重的地位，但是班主任却不是一种职业，没有专门的人来做班主任工作，几乎所有的班主任都是兼职的，所以班主任工作也陷入了很尴尬的境地。见过很多班主任，几乎都把班主任工作的重点放在学校的量化管理上面：学校在哪些方面加分，班主任工作就会向哪些方面倾斜；学校在哪些方面扣分，班主任工作就会对哪些方面十分关注。结果这些班主任经常手忙脚乱，常常沉浸在分数的泥潭之中不能自拔，不要说做快乐的班主任了，就连做一位有正常作息时间的班主任恐怕都很难。

这样的班主任表面看来也有很明确的班级管理目标，他们的管理目标就是拿到高分数，或者直接就是要拿第一。岂不知拿了第一又能怎样？常常见到一些班级管理拿第一的班，学生的综合素质却不高。甚至有一些班主任，为了拿到第一名，不惜带领学生弄虚作假，或亲自和那些有扣分加分权的值周生周旋。更可气的是，有一些班主任为了拿到所谓好分数，竟然指导学生公然作弊，考试的时候安排好帮带对象。这是学校量化管理的悲哀，是学生成长的悲哀，是教育的悲哀，最主要的是我们这些兼职班主任的悲哀。

怎样把自己从分数的泥潭之中解救出来，作快乐的班主任呢？

给自己制订一个正确的目标，也给班级制订一个正确的目标。这两个目标要有所区别，更要相辅相成，相互促进，相互提高。这个目标要远离分数，是一种教育要达到的境界。例如，班主任可以给自己制订一个简单的目标，一个学期读四本教育专著、四本文学名著，写三万字的读书笔记或者随笔。在达到目标的过程中，班主任要不时在班上讲述自己的快乐和幸福感，这样不用班主任告诉学生本学期要实现的班级目标是培养他们的读书兴趣，而是在班主任以身作则的感召下，大部分学生走进书的海洋。这样的目标很有意义，既便于实现，也便于师生共同进步。需要注意的是，班主任要合理调整学生的书目，避免学生读了不该读或过早读不适合他们年龄段的图书。一旦良好的读书氛围形成了，班级管理就成了班主任和学生共同完善的项目。

充满读书氛围的班集体令班主任头疼的事情多半很少，相反，能带给班主任快乐的事情可能很多。例如，课余时间师生可以就某个话题展开讨论，讨论的过程中班主任亲耳听到学生引经据典，旁征博引，说话头头是道，那时班主任不高兴才叫怪事。又如，眼看着自己的学生整天快快乐乐地健康成长，认真学习，热爱阅读，勤于思考，身为班主任自然乐在心里。再如，看着自己的学生个个很有思想、有见地，作为班主任你不高兴那才叫怪事呢。要是你的学生的作品时不时地在报纸杂志发表，作为班主任你会更高兴。有这样积极又和谐的班文化作铺垫，这样的班还要班主任自己费心费力去操心吗？作为班主任你只要做好文化浸润工作就好了。要是你情感丰富，你还可以通过你自己的丰富情感来影响和感化学生。

这里，我举了一个方面的目标。其实人生那么丰富，社会如此精彩，我们的人生目标和班级管理目标也应该是丰富多彩的。只要是有利于师生快乐成长的目标，我们都可制订。细心的班主任甚至可以在大的目标之下，制订一些阶段目标，这样更容易达成每个目标，也更能激发学生的积极性。

其实，班主任工作做好了，既快乐了自己又快乐了很多人。做好这份快乐的工作有时候真的很简单，那就是放弃短浅的目光，把自己和班级的目标放得长远一些、开阔一些、美丽一些、浪漫一些。班主任要使自身的发展和孩子的成长息息相关，相互促进。真正做到教学相长的班主任可能是最快乐的班主任。

五、心态阳光

近几年中小学教师所承受的压力很大，来自学校、家长、社会、媒体的各种压力，把教师压得有些喘不过气来。特别是班主任，每天更是提心吊胆，再加上班主任身兼两职，学科教学的压力和班级管理的压力使班主任比其他教师承受的压力更大。记得我的一位好朋友——他同样也做班主任，向我讲述过他经历的一件事。他的班里有一位非常难缠的学生，天天有任课教师和学生把状告到我的这位好朋友那里。为了那个学生，他家访、谈心、帮忙制订计划等，能用的方法几乎都用上了，可谓尽足了心。可是有一天，因为有一个任课教师告状，我的那位好朋友去找那个学生询问情况，那个让他费尽了心血的学生竟然没等他开口就对他破口大骂，他丢下那个学生下楼去操场了。事后他告诉我说，当时真的想把那个学生打一顿，幸亏还有那么一点点理智，否则不知道会出现什么严重的后果呢。

讲这个例子不是想批评我的这位教师朋友，也不是想批评那个学生，我只是想让大家明白，有一些时候，教师特别是班主任会有难以承受的心理压力。尽管在现今的社会中，大家几乎都处在压力状态下。如果学校管理者缺少理解，缺乏感情投入，教师会更加难以承受重重压力。

无论是由于当今社会的外界压力，还是由于几千年的尊师重教的文化积淀，我们的教师似乎更习惯于发现学生的不足之处。若细心的人仔细观察，会发现教师批评起学生语言之丰富、情绪之激烈是普通

语言难以描绘的；而表扬起学生语言之乏味、情感之苍白是令人难以置信的。有些老师干脆这样表扬学生："表扬某某。"表扬就结束了，既不知道某某为什么被表扬，也不知道表扬某某的目的是什么，因为这位教师实在没有发现某某有什么值得表扬的地方。但是，如果教师发现不了学生好的一面，教师就难以真正享受工作带来的快乐。特别是当教师承受着很大压力的时候，更要学会发现学生的美好一面，学会发现后进生某些突出的能力，而不是满眼看到都是学生的不足。只有这样，当班主任才是快乐的。

怎样做心态阳光的快乐班主任呢？

首先，凡事未虑败先虑胜，与我们的先人反其道而行之。

多少年了，我们做事讲究未虑胜先虑败，这对心理承受压力强的人和爱骄傲的人来说是一种好的思维方式，因为这样思考问题的结果使得做事的时候能够避免一些没有必要的损失。但是，这种思维方式导致我们做任何事都优柔寡断，难以雷厉风行、当机立断。从另一种角度考虑，这种思维方式无形之中加大了我们的心理压力，使我们做事情之前先背上沉重的包袱，毕竟我们预先考虑的困难是不存在的，是未来才要发生的，有着极大的不确定性。我们何苦为了那种不确定的因素让自己背负沉重的心理压力呢？未虑胜先虑败的思维方式还会导致我们产生惰性的应对心态，事情还没有做呢，失败后该如何收场已经了然于胸了，这样无疑会削弱大家的积极性。

遇到有学生犯错误，班主任大可不必先考虑这个错误会给这个学生将来带来怎样重大的损失，也不必考虑这个错误会给班集体带来怎样重大损失，更不必考虑这个错误会给班主任本人带来怎样重大的损失。不考虑这些，班主任可能就不会急火攻心，勃然大怒了。学生和我们班主任一样是人，是活生生的人，有七情六欲，他们不是神仙，怎么可能不犯错误呢？心态摆正了，对犯错误的学生的处理才会真正体现人性化。

其次，对学生的错误就事论事，不翻旧账。

我们是教师，我们每天要面对许多学生，这些学生都是孩子，会不停地出问题。根据多年的从教经验，那些调皮捣蛋的学生毕业后不一定没出息，相反，他们中的大多数对社会的适应能力很强，有很多还取得了不小的成就。因为这些学生经常受老师批评，抗挫能力和与上司打交道的能力相对较强。想清楚这些，面对学生的错误，我们作班主任的就能够平心静气了。

班主任劳累、不快乐的一个主要原因，恐怕就在于班主任爱翻旧账了。一般情况下，班主任对学生犯的小错应持忽略态度，这样既能维护学生的自尊，也能给班主任本人留出思考的余地。做到这一点通常情况下很容易。可是一旦学生犯了班主任认为比较大的错误时，要做到心平气和恐怕就很难了。大多数班主任会在听到或者看到学生犯了大错时，一股脑儿想起这个学生以前所犯的所有小错，然后怒火中烧，连珠炮般的批评就像机关枪似的向学生扫射过去。以前忽略学生犯小错时所取得的教育效果，会因此被消解得荡然无存。

翻旧账的恶果会损伤班主任在学生心目中的形象。学生本来对班主任的宽容心怀感激，可是学生不经意的一次犯错，班主任不经意的一次翻旧账，学生心中的感激之情要想再培养起来就要花更大的力气了。因为这个时候学生在心里已把班主任看成了一个虚伪的人。把学生当平常人对待，允许他们犯错误，特别是一些无心之失，这是班主任工作中的重要一点。就事论事，不翻旧账，使学生接受班主任的批评和教育，以提高教育效率，这样我们才能做快乐的班主任。不信就请试一试！

做个心态阳光的班主任，快乐自己也快乐学生。

第二节
沟通与自我批评在班会中的意义

举办班会是教师和学生进行总结、沟通的一种特殊方式，教师的教育思想及教育方法很多都是通过班会来安排实施的。因此，班会是班主任在班级管理中应用最多也是最有效的教育方法之一。但是，我观察过好多学校及班级的班会，发现很多班主任说话水平很高，在讲台上讲得激情四射，神采飞扬，可惜讲台下死气沉沉，学生们甚至呵欠连天、毫无兴趣，完全是班主任自己的一场独角戏。这样，班会没有起到应有的作用，而班主任整节课的苦口婆心教导也成了白费力气。

是什么原因导致这样的情况出现呢？原因有二：一是仍存在教条式教育思路，二是还在使用填鸭式教育方法。

试问，用这种枯燥乏味的传统灌输方式来和现代的学生开班会，能起到什么效果？可以说很难有效果！经过长时间、多层次、分阶段的调研和考察，我发现真正受学生欢迎的班会都有一个共性，就是师生之间、学生之间互动性比较强，学生的参与性比较高。怎样才能使班会成功举办，受学生欢迎呢？沟通与自我批评！就是在班会中展开学生与教师间的沟通与自我批评，学生与学生间的沟通与自我批评。

我从事教学工作二十多年，开的班会虽然很多，但是真正让自己觉得很满意和十分理想的班会并不是很多。究其原因，也是犯了"教条"和"填鸭"之错。幸运的是我最终发现这种错误，并不断改进开班会的方式，在最近五六年里我一直坚持在班会中技巧性使用沟通与自我批评。通过实践，我发现这种方式让我和学生间的距离缩短了，感情深厚了，沟通容易了，当然最重要的是教学水平上去了。

那么如何在班会中用好这一方法呢？第一，明确班会主题，就是首先要和学生说明本次班会的目的和意义；第二，明确班会展开参与的方式，就是和学生说明我们本次班会采用的方式是沟通与自我批评；第三，放下架子，走进学生的世界。这三点，看起来很简单，但是要做好却很难。第一点很容易，开班会总有一个主题，明确了主题就明确了方向和目标。而第二点就很难，难在我们教师不是不懂沟通而是不一定敢于沟通与自我批评，特别是当着学生的面进行自我批评。怕丢面子没威严，怕承认自己的过错，怕承认自己在工作中的失误，怕在今后的工作中没有说服力！其实这种观点是不对的。有句老话叫"群众的眼睛是雪亮的"，不要以为我们教师自己不讲，别人就看不到，自欺欺人才是对自己最大的损害。更重要的是，只有我们教师自己先承认工作的不足，才有权利指出学生的缺点；只有我们教师先批评自己，才能更有力地批评学生。这样，学生就会在教师的带领之下积极配合在班会上展开批评和自我批评，班会就会开得有效果，有力度，有深度。第三点是要求我们主动放下架子，走进学生的生活，这一点说易不易，说难不难。易在学生和教师朝夕相处，教师只要多看多听多想，就能了解学生；不易在于时代不同了，学生的观念也早已和教师当初形成的观念有很大的差异，教师只有先改变自己才能适应他们。这不是件容易的事情，而这也正是有的教师感到为难和不知所措之处。说不难是因为解决的办法很简单，只要教师平时多留心，多用心，教师就不难走进并融入学生的世界。如果教师在这样的状态下和学生沟通，学生就会把教师当成他们的朋友，而不再把教师看作高高在上的师长。这是班会课上调动学生积极性的最好

方法，调动了学生的积极性也就达到了开班会最终目的：教师与学生的互动交流。

实践是检验真理的唯一标准。我们不仅要有理论的指导，还要将理论用于实践。在班会上我们总会遇到各种各样的难题，在处理这些难题时要学会用沟通与自我批评。长期以来，很多班主任总是被一些十分棘手的问题困扰着。譬如，有些学生在学校里不抓紧时间学习，而是把心思花在和学习无关的事情上面；有的学生和校外的不务正业的社会青年来往；有的学生早恋；有的学生沉溺于网络世界不能自拔……"人无完人，金无足赤"，圣人也有犯错的时候，更何况我们这些有七情六欲的凡人呢！对待这些学生，教师一定要耐心地教育，要在批评教育的同时引导他们进行沟通与自我批评，让他们在自我批评中认识到自己所犯的错，并下决心改过自新，这才达到了自我批评的真正目的，也让他们学会了自我批评。这是学生认识自己、了解自己的重要途径之一。

教师不仅要教育好学生，还要在教育学生的同时不断总结经验，不断地进行沟通与自我批评，改进工作方法。在学生犯错时，教师要做到一视同仁，不能有丝毫的偏见。不能因为某个学生成绩好，犯了错就不严肃处理，该严厉处理就不能手软。也不能因为某个学生成绩不理想，犯了错就对他进行体罚，这样不仅不利于学生改正错误，更加不利于学生的身心成长。教师要致力于培养品学兼优的学生。这些道理说起来很简单，但是我们教师有时并不能够做得很好，这就要求教师在班会课上与学生进行交流，让学生指出教师在工作中需要改进的地方，也就是让我们教师放下架子和学生平心静气地交流，和学生成为真正的朋友。古人云：师不必贤于弟子，弟子不必不如师。要让学生知道不是只有老师能够批评学生，学生也可以批评老师的。而教师要敢于接受学生正确的批评。接受了批评后教师还要进行自我批评，在批评中不断地总结新的教育方法，不断完善自己，使自己在学生中树立良好的道德形象。

为学生树立一个榜样，勇于带头进行批评与自我批评是成功举办班会的第一步，第二步就是引导学生进行同学间的批评与自我批评。

组织学生进行同学间的互相批评有利学生发现自身的缺点，更加全面、深入地了解自己。"不识庐山真面目，只缘身在此山中。"一个人很难全面地认识自己，对自身的缺点不一定了解，更谈不上改正缺点和提高自身了。让朝夕相处的学生互相指出缺点，这是让学生认识自身缺点的最好方法。只有先认识到缺点，才能积极的改正缺点。另外，让学生互相批评，有时候学生会因为面子问题不愿意配合。出现这种问题，一是学生不好意思去批评别的同学；二是：被批评的学生有时会觉得自己被当众批评丢了面子。这时候教师不能硬逼学生去进行批评与自我批评，而要耐心地引导学生，要让学生明白"君子之交淡如水，小人之交甘若醴"：真正的朋友不会对你甜言蜜语，能毫不留情指出你的缺点的人才是益友。并且"良药苦口利于病，忠言逆耳利于行"，爱面子只会让自己失去改正缺点、提高自我的机会。

引导学生进行自我批评有利于学生认真总结自身优缺点，发现自我，提升自我。让学生进行自我批评，首先要让学生全面地认识自己，总结自己的优点与缺点，这样能让学生更好地发扬自己的优点，改正自己的缺点。其次，学生在进行自我批评之后，一定要让学生制订一个改正缺点的计划，因为自我批评只是手段，改正缺点才是最终目的。让学生进行自我批评首先是对批评的补充。别的学生的批评会因为碍于面子或对这个学生不太了解等原因而不太全面，而自我批评正好对之进行弥补。勇于自我批评本身就是学生改正缺点的决心。自我批评虽说容易，但还需要很大的勇气。一个学生能勇于当众进行自我批评，说明这个学生有足够的勇气去改正缺点并接受同学和教师的监督。

经过长期实践，我发现批评与自我批评这一方法在日常教学工作中的确有很大成效。学生们在班会课上不再是心不在焉，而是十分积极地参与到班会中，和教师的互动也增强了。每次班会几乎所有学生都发言，在对别人提出批评时体现了作为班级一员的责任感，在对自我提出批评时体现了很大的勇气。

鉴于我的长期教学实践，批评与自我批评这种班会方式非常值得推广。班会上进行批评与自我批评，这样能够拉近学生与教师之间的距离，让教师不再是学生心中高高在上的人，而是学生的知心朋友，在教师与学生之间搭起一道信任的桥梁。这样能够给予学生认识自己的机会，让学生在接受批评与自我批评时认识到自己的不足之处，并加以改正使之变成优点。这样的做法有利于加深学生之间的友谊，提高班集体的向心力和凝聚力；还可以加强学生的交流互动能力，有助于学生在以后的道路上更容易适应社会这个大舞台。

"路漫漫其修远兮，吾将上下而求索。"在班会中灵活运用沟通与自我批评要经过广泛和反复的实践才能掌握其精髓，发挥其魅力，因此我将不断努力去探索其中的奥妙，并使之越来越成熟。

第三节
如何开家长和学生都满意的家长会

常听身边的老师说，开家长会是他们最头痛的事情。我则不这么想，我认为家长会是最能展示学生在一个学期里所取得的成绩的时候。往往一个成功的家长会会使家长对老师和学生有进一步的了解与认识。所以，开个成功的家长会也成为我心中追求的目标之一。那么怎样让家长会更被学生、家长接受，让学生消除紧张心理，让家长开心而来满意而归呢？具体可以从以下几个方面来实施。

一、把家长会办成学生作品展示会

我把学生们在本学期开学以来所取得的成绩展示出来，把家长会办成学生作品展示会。

展示分为三部分。第一展区展示的是学生的作业本、练习本、写字本、日记本等。平时家长只看到自己孩子的本子，家长会的展示使他们可以看到全班孩子的本子，可以明确自己孩子还存在哪些问题，孩子的综合能力在班级处于什么位置。这对进一步加强家校联系、共同培养学生良好的行为习惯将大有益处。第二展区展出的是这个学期开学以来学生主办的每一期小报。别小瞧一张张小小的海报、手抄报，它们能培养学生多方面的能力，如写字能力、绘画能力、搜集整理资料的能力、审

美能力等。看着浸满学生智慧和汗水的小报，家长们都是乐呵呵的。第三展区展示的是学生的成功快乐袋，里面记载着他们一个学期以来获得的点滴成功，以及老师的鼓励和家长的寄语。班门口的走廊、教室里挂满了学生在一个学期里所取得的学习成果，家长们看得津津有味。

二、把家长会办成学生成果介绍会

我们常见的家长会基本就是老师的"一言堂"，也不管家长是否喜欢听，更不管所说的是否对今后的教育教学工作有用。在家长会上，我做了大胆的尝试与改革，由学生自己来总结班级各项活动。把班级工作分成几大块，分别由分管日常工作的班委干部汇报情况。如班级文体活动由体育委员汇报，班级好人好事由组织委员汇报，其实最了解班级日常管理的就是这些学生。由学生来汇报班级活动的家长会很受家长的欢迎和好评。一个学期下来，学生们都背诵了大量的优美古诗和散文，在家长会上我让家长随意抽取题目和学生学号，让学生表演。

我还让学生做小记者，针对班级的主要工作或存在的问题采访家长，让他们谈谈看法，还针对有关家庭教育方面的问题做了采访。

三、把家长会办成使家长正确认识孩子的评价会

以往一个学期结束的时候，学生们得到的只是老师的只言片语评价，而老师对学生的这种评价是不够全面的。后来我增设了写给自己的话（自己对自己的评价）、同学的话、老师的话和父母的话四个部分，家长在家长会上可以看到前三项，然后当场写下自己对孩子所要说的话。这样的评价使学生全面认识自己，评价自己，同时从老师、家长、好朋友

的评价中受到激励，树立自尊与自信。

这种别开生面的家长会，可以增进家长与老师之间的交流，使家长对老师增加了解与认识，也对学生有了较全面的了解，学生的长处和不足了然于胸，进而因人因材施教。

四、把家长会办成科学育人的提高会

在家长会上，要设法调动家长积极发言，从而最大限度地了解学生的家庭情况和个性特点，以便有针对性地采取教育措施。就家长提出的意见，我会做出合理说明，表明态度；对有共性的问题，与家长一起商讨。如：怎样最大限度地扬长避短，把教育理想和现实结合起来？激发学生上进心的有效方法有哪些？教师和学生家长各应做好哪些工作？怎样做到身教与言教的结合？如何创设良好的学校、家庭育人环境？等等。

结语

成功举办的家长会可以让家长意识到整体教育孩子的思维方式，让学校和家庭手挽手，为共同培育出身心健康的孩子而努力。

第四节
浅谈青年班主任与家长沟通的艺术

青年班主任刚刚走上工作岗位，由于年轻和缺少经验，家长可能对其能力产生怀疑，甚至轻视青年班主任；而青年班主任由于年轻气盛，面对家长的挑剔和意见往往不能克制自己的感情，从而导致双方的矛盾激化。那么青年班主任该如何与家长沟通呢？

一、以礼待人

1. 礼节周到热情

不论去家访还是家长到学校来了解情况，青年班主任都必须要注意自己的外在形象，衣着整洁、精神焕发会给家长留下良好的印象，也是对家长的尊重。家访时要尊重他人的生活习惯，而家长来访时，我们要起身欢迎，端椅递茶，家长走时要起身相送。要尽量使用文明用语，如"请坐""请喝茶"等。这样就会使家长明白你是一个很有道德修养的班主任，为彼此间的交流奠定良好的基础。

2. 选择良好时机

和家长进行沟通时，最好采用事先约定的方式。家长太忙时或自己抽不出时间接待，都不是合宜的时机。有的青年班主任在与学生发生矛盾而无法解决时，请家长协助，但家长一时抽不出身，青年班主任仍然要求家长赶来，结果问题不但没解决，反而使矛盾激化。有的家长来访，而青年班主任又没时间接待，把家长晾一边，只会导致家长牢骚满腹。

3. 面带微笑

在人际交往中，微笑的魅力是无穷的，它就像巨大的磁铁吸引铁片一样让人无法拒绝。青年班主任在面对家长的指责时，要克制自己的怨气；不要和家长争执，更不要挖苦讽刺学生而伤及家长的面子。青年班主任要让脸上充满微笑，那么无论是在多么尴尬或困难的场合下，都能把问题解决了，同时赢得家长的好感，体现了师者的宽容大度，从而最终消除误解和矛盾。

二、以情动人

1. 让家长知道你对他的孩子很重视

事前要充分了解学生，包括学习成绩、性格特点、优点和缺点、家庭基本情况，以及你为这个孩子做了哪些工作等，最好拟一个简单的提纲。这样在与家长交流时，就能让他产生班主任对他的孩子很重视的感觉，以及班主任工作细致、认真负责的好印象。这样从情感上就更容易沟通。

2. 让家长对自己的孩子充满信心

和家长交流时，青年班主任最感头痛的是面对后进生的家长。面对学生可怜的分数，无话可说；面对家长失望的叹息，无言以对。对后进生，我们不能用成绩好坏作为标准去评判，要尽量发掘其闪光点，要让家长看到他的孩子的长处，看到孩子的进步，看到希望。对学生的缺点，不能不说，但不要一次说得太多，不能言过其实，更不能用"这孩子很笨"这样的话。在说到学生的优点时要热情、有力度，而在说学生缺点时，语气要舒缓婉转，充满惋惜之意，这样就会让家长感到班主任对他

的孩子很重视，认为他的孩子能够有所进步，这样就使家长对他的孩子充满信心。只有家长对自己的孩子有了信心，他才会更主动地与班主任交流，配合班主任的工作。

3. 让家长明白他的意见很重要

青年班主任谦虚诚恳，专心倾听，会让家长感到很受重视。即使是一个牢骚满腹、怨气冲天，甚至最不容易交流的家长，在一个耐心且富有同情心的善于倾听的班主任面前，常会被"软化"得通情达理。青年班主任要认真耐心地听家长倾诉，同时要辅以眼神、动作，间或插以"对"或"是"这样的短语呼应，最好是动笔记一下要点；要表现出对家长尊重和理解，坦诚地与家长交流，这样才能对学生情况有更全面的了解。

三、以理服人

面对自己孩子存在的各种问题，"望子成龙，望女成凤"的家长们往往束手无策，他们很苦恼，也很着急，他们迫切希望从班主任那里寻找到解决问题的"灵丹妙药"。如果青年班主任能够及时地提供一些合理的建议，将会增加家长对你的信任，从而树立起威信。而在给家长建议时，要注意以下几点。

1. 言语要委婉

青年班主任面对的是比自己年长的家长，不能居高临下，我们不要使用"你应该"或"你必须"这样命令性的字眼，而应该说"我认为"或"你认为怎样"这些婉转、协商性质的词语，这样家长更乐意也更容易接受我们的建议。当然也不能过于谦虚，在确定无疑时，语气也应该十分肯定，让家长相信你的意见是不容置疑的。

2. 要有针对性

在解答家长的疑惑、给家长建议时，一定要有针对性。要针对学生的实际情况，如成绩、个性等，不能模糊不清，泛泛而谈，让家长不着要领，听似全有理却不能解决实际问题，从而产生失望情绪，进而对班主任的工作能力产生怀疑。

3. 要科学实用

给家长的建议要条理清晰，言简意赅，最重要的是科学实用。没有把握的不要说，记不准确的不能说。要实事求是，不能言过其实，故作高深。如果我们的建议不科学不合理，在家长心中的威信就会大打折扣，因此要加强自身的理论素养，积极探索，勤于思考班主任工作的艺术。

无论运用何种方式、何种技巧与家长沟通，最为关键的是要以诚待人，以心换心，同时努力提高自己的道德修养和理论水平，这样才可以架起与家长间心与心的桥梁。

第五节
召开家长会应注意什么

定期召开家长会，是加强学校与家庭联系的最好方式。与家长集中讨论共同关心的问题，辅以家访、通信联系等形式，能增进教师和家长间的相互信任，及时沟通学生的动态变化信息，调整、改进教育举措，促成学校教育与家庭教育相结合，使之更具一致性、针对性和有效性，形成良好的校内外育人环境，提高教育教学质量。几年来我校一直坚持这样做，受益匪浅。怎样开好家长会呢？现根据几年来的实践，谈几点做法。

一、做好召开家长会的准备工作，是家长会成功的必要条件

我认为以下四点是召开家长会前需要着手做的。

1. 根据学校教育教学工作的实际，确定家长会的目的和主要内容，可通过召开学校领导班子、班主任会，客观地分析现状，发现促进学生发展的有利因素和制约学生发展的不利因素，确定主要收集、交流哪些方面的信息，共同解决哪些问题，并明确工作分工。

2. 印发召开家长会的通知，一般在会前两周。通知中要简要通报会议目的、内容、时间、地点（一般以教学班为单位，在学生教室）、咨询

家长能否到会，并附家长对学校工作的意见、建议栏（会前一周收回）。此举目的在于使家长做好充分准备，落实到会人员，提前收集部分信息。

3. 以教学班为单位，收集整理家长的书面意见、建议，归类分析，更客观地确定需要沟通解决的问题。

4. 由班主任会同任课教师，根据本班情况，准备详实的中心发言材料，并做好会议召开的有关准备工作。

二、围绕家长会的主题，开诚布公，广泛交流，形成共识，增强合力，是家长会的出发点和落脚点

家长会成功的关键，是家长的积极参与。从家长会的召开，到会后的落实，都必须围绕这个关键来做。我认为应注意做到以下八点。

1. 组织安排要全面。从领导到教师分工明确：每级部由一名学校领导负责，任课教师分到教学班，班主任为家长会的主要组织者和中心发言人。另外应安排几名教师，迎接家长，指引家长会地点（特别是初次参加家长会的初一学生家长），使家长一入校就受到热情接待，有一种良好的心态。

2. 全面汇报教育教学工作。从学校的教育教学目标、任务，到班级工作的具体组织落实，向家长做全面汇报。如，在教育教学过程中，采取了哪些措施，组织了哪些活动，收到了什么成效；教师是怎样教书育人的，学生在各项活动中有哪些突出表现；本班在全校、特别是在同年级班中优劣势等。同时简要介绍下步的目标及措施。这样使家长对子女所在学校班级的教育环境、概况有个清楚的了解，并有助于献计献策。

3. 面向全体，坚持一分为二的观点，全面介绍学生个体发展情况。家长最关注的是子女在校的发展状况。教师应既肯定成绩又正视不足，从德、智、体、美、劳各方面，介绍每个学生的发展状况，介绍学生发

展突出的方面，不要遗忘任何一名学生。对后进生，更要介绍其闪光点，肯定其成绩。要使每位家长都了解学生在校各方面的情况。

4.全面介绍学校对学生校内外的管理要求，明确提出需要家长协助教育、管理学生的要求。如，介绍学校的管理制度、作息时间、请假制度。要求家长保证学生按时作息，不要因晚上学习时间过长或看电视无度、睡眠不足影响第二天学习；让学生吃好早餐，保证身体健康；及时检查、维修好交通工具，教育学生遵守交通规则，确保交通安全，按时到校；注意观察学生变化，及时发现并纠正其不良行为，切忌护短；要尊重学生人格，用科学方法教育、引导，切忌因简单、粗暴的武力压服而影响其身心健康，导致教育失败等。总之，就是要达到家长以负责的态度、正确的方法，与教师共同塑造学生的健康心态，培养其良好行为习惯，激发其勇于创新、不懈努力的积极性目的。

5.教师与家长共同商讨教育措施。教师要设法调动家长积极发言，从中最大限度地了解学生的家庭情况和个性特点，有针对性地提高教育措施，与家长商讨科学的教育方式。教师应就家长提出的意见，做出合理的说明，表明态度。要提出带有共性的问题，进行商讨。如，怎样最大限度地扬长避短，把教育理想和现实结合起来？激发学生上进心的有效方法有哪些？教师和家长各应做哪些工作？怎样做到身教与言教的结合？如何创设良好的学校、家庭育人环境？等等。其目的在于把共同关注学生健康成长的良好愿望集中到科学育人的一致行动上来。

6.教师要豁达大度，以真诚的心态对待家长，这是密切合作、取得家长会成功的重要因素。首先，教师应客观公正、实事求是地汇报工作，评价学生。对自身工作中存在的问题，要勇于承担责任。以虚心的态度对待家长，尊重、理解他们，正确对待他们提出的问题，通过平等对话，求得理解与一致。切忌板起面孔，推卸责任，甚至训斥、责备家长，或把家长会变成告状会。这样做，既挫伤了家长自尊心，又可能引起家长在会后把气发泄到学生身上，以致事与愿违。其次，教师要力求成为合格的组织者，引导家长知无不言，言无不尽，充分发表个人见解，就有争议的问题展开讨论，辩明事理，求得教育理念的认同。特别是使借故推诿教育责任、认为自己无力教育子女的家长转变观念。此举比单纯由教师提出要求强百倍。并且，还可使家长的有效教育方法得以推广。

7. 在友好、愉快的氛围中结束家长会。中心发言人充分肯定家长提出的正确意见和建议，总结家长会的收获，衷心感谢家长对学生教育、教学工作的大力支持，并希望今后多联系和沟通，共同做好培养下一代的工作。要使家长高兴而来，满意而归，为下次家长会打下良好基础。

8. 学校及时汇总家长会的情况，据此改进校内教育教学工作，把会议收获落实在实际工作中。这一点至关重要，因为只有这样才能使家长下次喜欢参加家长会，把各自的聪明才智不断贡献给学校，全身心地哺育学生健康成长，也才能使每次家长会都成为动力，推动学校教育教学工作沿着素质教育的轨道，培养出新世纪需要的，具有创造精神和实践能力的全面发展的人才。

以上几点是我在多年班级管理中，摸索和总结其他教师及我自己开家长会的心得，未必全面具体，仅供同行朋友们参考。

第六节
提高班主任影响力的几点心得

班主任如何提高自己对班级的影响力，提高自己的威信，这是每个班主任都关心的问题。可以从以下几方面去努力。

一、以"爱"生威

没有爱就没有教育。班主任要有热爱学生的慈母心，不仅要关心学生的学习，还要关心他们的衣食住行。大到生病住院，小到嘘寒问暖，促膝聊天，班主任心里必须时刻"装"着学生，尤其是能关心、爱护后进生。爱是做好班主任工作的催化剂。班主任热爱学生，对学生寄予厚望，学生会在心理上得到满足，从而乐于接受学校教育，所谓亲其师才能信其道。爱是无声的语言，能叩响学生的心门。

二、以"情"辅威

传统观念认为管理就是控制，现代观念则认为管理就是服务。班主任要努力创造适合学生学习、生活的班级环境，营造有利于每位学生健康成长和发展的良好氛围。这也是素质教育对班主任工作的内在要求。因此，班主任仅作为具有爱心的"长者"出现是不够的，还应做学生的知心朋友，应与学生建立互相尊重、互相理解、互相信任的平等的师生关系。班主任可通过"感情"这条纽带把准学生成长的"脉搏"，以便对症下药，及时解决各种问题，更好地促进学生的健康发展。班主任要放下架子，多挤出点儿时间参与学生的活动，多渠道沟通师生间的感情，努力成为他们中的一员。

三、以"德"树威

班主任的威望与号召力的大小，在很大程度上取决于班主任的道德修养。因为学生的可塑性、模仿性较强，而班主任的思想品德、治学态度、行为习惯等时刻处于学生监督之下，所以班主任对学生的影响和熏陶是潜移默化的。"欲明人者先自明，欲正人者先正己。"班主任要自觉提高道德修养，要具有终身从教的敬业精神、刻苦钻研的探索精神、爱生如子的园丁精神、不甘落后的拼搏精神、不计得失的奉献精神，从一言一行、一举一动给学生施以正面影响。身教重于言教，班主任的榜样作用是无可替代的巨大的教育力量。

四、以"才"强威

班主任的榜样作用之所以巨大，学生之所以尊敬和依赖班主任，除了班主任的"德"之外，还与其"才"密切相关。作为班主任，首先要精通自己所任教的学科，做到业务过硬，又要具有扎实的基本功。试想，一个连自己所承担的课程都不能上好的班主任，怎能受到学生的尊敬和欢迎呢？作为班主任，要不断地自我加压，自我"充电"，不断地更新知识，这样才能"才"源不断。作为班主任，还应努力做到既专又博，涉猎广泛，具有多方面才能。比如，一位班主任在联欢会上抑扬顿挫的朗

诵英文诗，或声情并茂的演唱英文歌曲就可能赢得学生的仰慕，这些都是增强班主任影响力的积极因素。没有哪个学生喜欢古板且才疏学浅的班主任。

五、以"仪"补威

班主任要注意自己的仪表。有人认为穿着打扮只是个人的事，因此可能出现两种倾向：一种是衣帽不整，头发蓬乱，不修边幅；一种是刻意打扮，浓妆艳抹，过分追求服饰的华丽、奇特。这些都无助于树立良好的班主任形象。班主任应做到心灵美和仪表美相统一。仪表要做到自然、朴实、整洁、大方，适度的穿着打扮也是必要的。

六、以"容"化威

班主任要学会宽容，不要将学生所犯的错都看成是有意违纪，要兼顾主客观；不要看死后进生，要允许他们有反复；不要只是简单地用纪律、制度约束学生，要多用说服教育的方法，尤其是青年班主任，遇事要避免感情冲动，避免粗暴训斥、严厉批评、无情数落甚至讽刺挖苦学生。班主任言行举止要沉着冷静，有分寸，不急不躁，精细周密，要用一颗宽容之心去理解学生，给学生留下思考的时间和改过的机会。

结语

总之，为了做好班主任工作，教师要在学生中树立良好的威信，让学生既亲近又信服，这样才能使班级管理有序开展，让各学科教学工作顺利进行。

第七节
班主任工作总结

　　班级作为学校教学活动的基础单位，其管理水平的高低，对学生健康全面的发展，对完成教育和教学的各项任务起着举足轻重的作用。

　　多年的班主任工作实践中，我觉得要搞好班级工作，应该坚持"一个标准"，调动"两个积极性"，依靠"三个方面"的力量，发挥"四套班子"的作用。这样，既使学生受到严格的行为规范的约束，又能在宽松自如的氛围中充分发挥自己的个性特长。

　　坚持"一个标准"，即在处理班级事务时，尤其是奖惩方面，对好学生和后进生应使用一个标准。通常好学生易受到偏爱，而后进生常使老师产生偏见，所以班主任执法，一定要公允，要一碗水端平，如处理偏颇，则会助长好学生的坏习惯，压抑后进生的上进心。这些年来，我坚持了"一个标准"，对好学生和后进生的错误和缺点一视同仁，赢得学生的尊敬和信任，扭转了班风。

　　调动"两个积极性"，即调动学生的学习积极性和参加班级活动的积极性。要做到这点，可从四方面着手。一是要尊重每个学生，在课余时间里要尽量多深入到学生中去，与他们一起交谈、游戏、活动，使他们与你无拘无束地相处，把你视作知心朋友，由此而产生一种"爱屋及乌"的效应。二是发动大家参加班级管理的各项活动，让学生人人都有自己的发言权，都有展现自己才能的机会。每期我班的"八分钟自主活

动"内容的安排、班集体活动计划以及班级评比标准，都采用征稿的形式，发动全班同学献计献策，再结合班主任的见解，取得共识，大家共同制订和执行。学生做愿意干的事，干起来热情高，干劲大，成效也好。三是要求全班同学参加日常管理，形成轮值制度，每个人都有机会履行班级管理职责，增强责任感和参与意识，为管理好班级献出自己的一份力量。四是在各项活动中尽量不冷落每一个人。凡大型活动必须做到各司其职，人人有份，绝无局外之人。

调动"三个方面"的力量，即要充分调动和运用学校、家庭和社会三方面力量参与班级管理，以提高班级管理工作的成效。

学校的职能是毋庸置疑的，家庭的作用也是显而易见的。学生除了寒暑假，平时的生活基本是学校和家庭两部分的衔接。经常与家长联系，尤其是借助电话和手机这类快捷的沟通工具，可以及时交换学生的有关信息，让家长积极参与对学生的教育和管理，支持班级工作，这已成为不可忽视的重要教育手段。我之前教过的一个班里，有位同学长期放学不按时回家，与社会上不三不四的人混在一起，不想上学，养成了许多不良习惯。了解到这一情况后，我与家长商定：放学后由家长亲自到校接他回家，或通过家长联系簿由班主任签注每天放学离校时间，再由家长签注到家时间，以杜绝他与不良青年接触的机会，平时注意关心和提醒他，稍有进步就给予表扬和鼓励。坚持了一学期，该生的学习和行为习惯有了很大进步。在班级管理过程中，我们还经常结合时事政治，强化思想教育和班级管理工作，坚持正面教育和引导。如介绍抗洪救灾、见义勇为、乐于助人、勤奋学习等感人的事例为学生树立榜样。

心理学家朱智贤说过："学生在学习上出现的问题常与行为品德有关。"不从根本上去抓品德教育，就不能促使他们健康成长。我班采取多种形式的班会、针对性的主题会、师生间的思想交流、制度化的班级周评小结等，在实践中证明这些举措都是行之有效的。

发挥"四套班子"的作用，即指团委、班委、科代表、小组长的作用。这四套班子是班级的中坚力量，他们的模范作用如何，他们对班级管理的成效如何至关重要。在选举这些干部时，要坚持做到：人人参与竞选，力求把大家信赖的好同学推选出来，使他们一开始就具有良好的群众基础。每次主题班会，每次大型活动都要求班委全部亮相并轮流登台，使每个人都能策划活动、主持活动，锻炼和培养学生的才干，把班级各项活动开展得形式多样。对四套班子既严格要求大胆压担子，也处处从各方面关心支持他们，尤其在工作细节上给予具体的帮助和指导。

我们的目标是培养学生成为德、智、体、美、劳全面发展的合格人才。班主任不能只把精力放在抓学习上，必须五个方面一起抓，因为它们是相辅相成、相互促进的。第一，不能忽略体美劳，不轻易取消学生体育活动的机会，并积极参加他们的活动；第二，制度化地安排好每天的卫生劳动；第三，利用班会和其他活动，尽可能渗入娱乐性的文体内容，例如每天的八分钟活动、班级竞赛活动等，以达到活跃身心，调剂生活，融洽关系，"一箭三雕"的目的；第四，在班级管理和有关活动中发动有一技之长的同学多参与，充分发挥他们的特长，以带动其他同学积极参加；第五，积极参与学校组织的各项竞赛活动，通过参赛，增强大家的集体观念和竞争意识。

班级管理工作千头万绪，工作方法千差万别，形势和任务又在千变万化，让我们在实践中去探索总结行之有效的方法和经验，使班级管理工作的水平不断跃上新台阶。

第八节
师德为本，阳光从业

国家大计，教育为本；教育大计，教师为本；教师大计，师德为本。师德是一定社会或阶级对教师职业行为的基本要求，是教师在职业活动中必须遵循的道德规范和行为准则。

教师是人类文化、科学知识的传播者，又是伦理道德的传授人，担负着培养、教育下一代的光荣而艰巨的任务。教师良好的道德人格不是与生俱来的，也不可能自发地形成，而是在后天的社会实践中形成。教师只有在教育实践中，通过努力学习，认识到社会发展的规律和特点，了解到社会主义师德的内容和意义，并通过自身的修养，将认识内化为自己的道德情感、意志和信念，不断外化为自己的道德行为和习惯。

良好的师德，可以调节教师的行为和师生关系，塑造学生真善美的情操，提高教学质量和效果，对精神文明建设、社会未来发展都有很重要的意义。

第一，作为教师，要热爱教育，献身教育。以从事教育工作为荣，以献身教育事业为乐，自觉地用新时期党的教育方针武装头脑，用科教兴国战略激励自我。在市场经济不断深入的当下，树立正确的人生观、教育观、质量观和人才观，将教师作为终身职业，孜孜以求，勤奋耕耘，在平凡的教书育人工作中，做出不平凡的业绩，无愧于人类灵魂工程师的称号。

第二，要爱护学生，教书育人。教师以学生为教育对象，其主要任务是教学，而教学过程是教书和育人紧密结合的过程。面对日益激烈的市场竞争，教师要善于把握学生思想，用爱心开启学生心灵的窗户，主动与学生交流，和睦相处；要尊重学生，教育和引导学生学会做人，学会生存，学会学习，学会创业；要用一切为了学生、为了一切学生、为了学生一切的服务思想，善待学生、宽容学生、理解学生；要用自己的品行、人格熏陶学生，陶冶学生，唤醒学生。将教书育人贯穿于教学实践的全过程，为社会培养高素质人才。

第三，要矢志钻研，勇于探索。古人云：授人以鱼，只供一饭之需；授人以渔，则终身受用无穷。尤其在面向现代化、面向世界、面向未来方针指导下，教师肩负着培育新世纪人才的重任，一定要学会用面向世界的胆识和超前的眼光进行教育改革。从自身教学实践中逐步摸索并形成拥有自我创新意识的教学方法体系，使学生主动参与教学实践活动，独立思考，运用已学的知识，既解决实际问题又发现新知，于相互切磋中实现知识的飞跃，充分发挥学生的内在潜力，达到终身受益的目的。

第四，要终生学习，活到老学到老，不断适应时代发展变化的需要。社会发展已证明：现代化的社会将是信息社会，是科学知识不断发展、不断扩大、不断更新的社会。教师自身除搞好专业教学外，还要积极参加业余进修深造，从而在理论知识和社会实践活动中进一步提高能力。教师只有拥有广博的知识储备和精深的专业技能，课堂教学过程中才能旁征博引，游刃有余，变传统教育的重教、重知、重灌为素质教育的重学、重思、重乐，以适应教育体制的转型。

教书育人是教师的天职，教书是手段，育人是目的。因此，作为教师在任何时候都不能忘记，自己不单单是为教书而教书的教书匠，而应

是一个教育者,是人类灵魂的工程师。这个工程师是通过教学活动,在学生心灵上精心施工的,目的在于培养学生的共产主义世界观和道德觉悟。这就要求教师,必须全面贯彻党的教育方针,坚持以德育为首,五育并举,做到既教书又育人。

总之,良好的师德,是一种强有力的教育因素,是教书育人的一种动力,是教师从事教育劳动时必须遵循的各种道德规范的总和。因此,每个教师都要努力把自己培养成为具有良好师德的人,才能完成传道授业解惑这一光荣而伟大的使命,托起明天的太阳。

第九节
如何进行班风建设

一个班如果没有良好的班风,是不可能成为家长和学生都满意的班。因此,如何进行班风建设是班主任亟待解决的问题。

以下浅谈我对此的一点儿感悟。

一、安排班集体活动

根据学校德育工作安排,引导学生开展各项实践活动。活动要加强对学生思想品德教育和创新精神与实践能力的培养,面向全体学生,促进学生全面发展。活动之前要制订好计划,明确活动要求,设计好活动并扎扎实实地组织实施,力求取得主题教育的最大效应。班主任与学生一起确定好本学期各项活动的主题,组织和指导学生开展灵活多样、富有情趣的课内外活动,如主题班会活动、校园文化活动、社会实践活动等,友谊中队举办一些联谊活动。

二、营造向上氛围

根据各年级学生的年龄特点,努力营造平等、团结、和谐、进取的班集体氛围。

（1）制订班公约，创作班歌。

（2）布置教室环境，如设立"袖珍图书角""卫生角""金色童年""我们在这里成长"等，营建和谐温馨且富有趣味性的班级文化背景。

（3）让学生参加班级管理，培养学生的组织能力和责任心，使每个学生都有成功的机会和成就感。培养学生的参与意识，提供显示学生才华的机会，在潜移默化中逐渐形成自理和自治能力，体现学生的主体地位，发掘创新精神。

三、指导培养班干部

班干部是班主任的左右手。认真选拔班干部，同时精心培养班干部。第一，帮助班干部树立威信；第二，鼓励班干部大胆工作，指点他们工作方法；第三，严格要求班干部在知识、能力上取得更大进步，在纪律上以身作则，力求从各方面给全班起到模范带头作用，即"以点带面"；第四，培养班干部团结协作的精神，通过班干部这个小集体建立正确、健全的舆论，带动整个班集体开展批评与自我批评，形成集体的组织性、纪律性和进取心，即"以面带面"。

四、班级考核评比

（1）加强教育常规检查评比。不断落实完善《班主任工作考核细则》，并开展各项常规检查评比活动，每天公布检查结果。班主任要切实从班级自身出发，加强宣传活动，指导训练，将各项常规工作抓细、抓实，力争主动、科学、民主管理班级，切实抓好班风、班貌建设。同时认真抓好班队活动、班会等，并经常开展形式多样、生动活泼的班队活动，使班主任工作的管理更合理化、规范化、艺术化。

（2）加强教学常规的检查评比。围绕"规范秩序"的学校工作思路，加强对教学常规的检查，班主任要做好教学常规的宣传、指导、训练工作，同时将班主任考核与学科质量挂钩，与语文、数学、英语三科合格率挂钩，班主任要组织协调好各科老师合理安排拉差补差人员和时间，朝更高目标奋进。

五、针对特殊学生，开展特殊教育

（1）列出特殊学生名单（如贫困家庭学生、智力障碍学生、自控力差学生），在学校建立特殊学生档案。

（2）通过多种途径，采取多种方法，对特殊学生开展教育。

（3）针对行为习惯差、自控力差的学生，学校成立行规学习班，由退管会的老师和学校有关老师对特殊学生的思想品德、学习态度、日常行为等方面进行教育和训练。

（4）开展帮困助困活动。学校设立爱心基金，通过"结对助困"等活动，从生活、学习等方面对贫困学生进行关心帮助。

结语

以上五点，是我在多年班级管理中对如何树立良好班风的体悟，实际工作中可能有其他更值得尝试的方法。我会在未来继续总结经验，摸索尝试更好的创建好班风的方式方法。

第十节
厚爱后进生

对于后进生，不漠视而厚爱才是一名优秀班主任的上乘作法。厚爱后进生，就是真正做到以情动人，真诚对待后进生，即教师不应有丝毫虚伪与欺哄。一旦后进生发现"有假"，那么教师所做的一切都会被他们看作是在"演戏"，因为他们缺少成熟的思考能力。

所谓后进生，一种表现为成绩差，一种表现为思想落后及行为习惯差。优生则相反。而介于优生和后进生之间的则为中等生。由于后进生的种种表现欠佳而影响集体，作为人的正常心理反应，他们会不同程度受到教师和其他学生的冷落、薄待甚至歧视。这样教育的结果是后进生更差。

而不容忽视的事实是：优生毕竟是少数，中等生和后进生却是学生群体中占压倒性多数的。素质教育的主要标志是：教师是否面向全体学生，是否进行全面发展的教育。

由此看来，教育者如何对待中等生和后进生问题，中等生和后进生的境遇和状况如何，关系着我们教育工作者是否在全面育人，是否在实质性地进行素质教育。

应该说不存在面向优生的问题，故而面向全体的关键就在于能否面向中等生和后进生。大量事实说明：今天的"尖子"明天不一定就是"尖子"，今天的后进生，不一定明天还是后进生。更何况所谓优生与后进生的评判标准本身就有局限性和片面性。比如许多在校的优生，在步入社会后不一定工作就很出色，而一些所谓在校时的后进生，步入社会后在职场上有不错的表现。这说明，教育唯有坚持面向全体，特别是不放弃后进生，这才是切切实实的素质教育。

有人曾这样提问：如果孩子天生就是优生，那教育还有什么作用？还谈什么基础的素质教育呢？因而对后进生，我们更应多加关注，变忽视为重视，变冷漠为关注，变薄待为厚待。

后进生之所以成为后进生的原因（排除特殊儿童）是多方面的。大多数人认为，学生的学习态度不端正，学生对自身要求不严格，是其成为后进生的主要原因。为什么会这样呢？客观的原因是学生本身就有个体差异。有些人为的因素是：由于犯错而遭老师严厉批评，自我调节力差的学生便产生厌学情绪；或由于老师的误会蒙受过"不白之冤"，一些学生便心理失衡而产生自暴自弃或逆反心理；或由于家庭的负面影响或面对社会阴暗面时缺少应有的正确引导，一些学生有了不良习性等。

我认为，厚爱后进生，应有辩证的观点。

一、一分为二的观点看待后进生

应该说任何学生都会既有优点（即积极因素）又有缺点（消极因素），教师容易看到优生的优点，但对后进生的缺点也会无限放大，而看不到后进生的优点，这种不正常的现象无论是对优生还是对后进生都不好。

二、用发展的观点看学生

教师应当用发展的纵向思维方式去看待后进生，要想到后进生的今

天可能比从前进步了；即使后进生没有很快取得大的进步，教师也应相信后进生未来会通过努力取得更多或更大的进步，而不是对后进生悲观失望。

三、因势利导，化消极因素为积极因素

教师应努力帮助后进生发现其身上的优缺点，从而发扬优点，克服缺点。教师应有一颗平等仁爱之心，要想到后进生也是自己的学生，享有与优生平等的受教育权。而且，从心理学角度分析，对后进生厌恶、责骂只能适得其反，不仅不能促使后进生上进，反而会令后进生自暴自弃。后进生应享有同其他学生一样的关心和呵护，也应享受到优生在老师那儿得到的爱。

教师要能感受到后进生在学习过程中的各种心理表现和看法，如对学习的畏惧、犹豫、冷漠、错误的想法和指责等，要信任后进生，鼓励他们自由讨论。

正所谓外因通过内因起作用，教师对后进生的厚爱定会使他们实现向"自我学习、自我管理"的转变。

第十一节
付出老师的爱，挖掘学生的美

随着时代的发展，现在我们谈论更多的是素质教育，虽然中考这个指挥棒并没有完全丧失其作用，但素质教育再也不是刚被提出时的空洞口号了。在实际的教育教学过程中，从教学目标的制订到课程设置到教育形式、教学手段，素质教育都发挥了其影响力，素质教育应更好地运用到德育工作中。那么，如何在德育工作中贯彻素质教育呢？我认为，教育以人为本，情感教育是一条重要途径。

青少年时期是个体发育、发展的最宝贵、最富特色的时期，然而这个时期同时又是人生的"危险期"。随着独立意识和自我意识的增强，学生迫切希望摆脱成人的监护，他们感到或担忧外界无视自己的独立存在，同时他们又需要成人的爱与关心。所以，恰到好处的爱与关心对这个时期的中学生在人格、心理等方面的发展十分重要。班主任要让学生感到并且接受老师的爱与关心，这样他才能带领学生建设一个团结向上的班集体。以下是我在多年的班主任工作中的一点儿体会。

一、真诚交流

中学生是渴望理解与交流的，班主任可以借助师生之间的交流来传递老师的爱与关心。但要注意的是，交流应该建立在理解的基础之上。

在实际的班主任工作中，我进行了一些尝试，效果颇佳。下面举两个例子。

事例一：俞同学父母离异，他的性格自负并且逆反心理很强，学习成绩很差，还经常犯错误。一次，物理老师让他放学后留下来补课，他却因为肚子饿先去吃饭了，饭后他去找物理老师，物理老师已经走了。第二天，物理老师找他进行批评教育，他却不服气，与物理老师发生了争执。了解情况后，我并没有立即将他叫到办公室训斥一番，而是等到放学后，在他回宿舍必须经过的那条路上等他。看到他，我走过去，就好像是偶遇一样。我和他边走边聊，从目前的世界杯赛事，到家常，到学习情况。可能因为昨天的事，他一开始并不怎么说话。渐渐地发现我并没有要批评他的意思，他的话才渐渐多了起来。

我见时机成熟了，便切入正题，问他昨天究竟是怎么一回事。他一五一十将情况告诉了我，还特别强调他是去过物理老师办公室的，但只是晚了一点儿。我告诉他，我相信他确实去了，而且表示理解，因为肚子饿谁也做不了事情。接着我又问他几点钟去的物理老师办公室。他有点困惑，但仍老老实实地告诉我是六点左右。我告诉他，物理老师的家离学校有半个多小时的路程，就算给他补习半个小时，那么物理老师也得七点钟才能到家吃上晚饭。我又问他，物理老师为什么这么做呢？他沉默了，但我看得出来这小子已经有点想法了。败兵不可穷追。我告诉他，我并不要这个问题的答案，他心里明白就行，然后拍拍他的肩膀让他去吃饭。第二天，物理老师对我说他收到了一张条，上面是这样写的："对不起，老师。"

这件事情过后，俞同学各方面的表现确实比以前有了较大的进步。其实，处于青春期的学生逆反心理较强，尤其是男同学。他们做事情较少考虑后果，容易冲动。事情过后他们多半会意识到自己的错误，但由于自尊心作怪，他们不肯轻易认错。班主任应该用适当的方式、方法来教育他们，让他们体会到老师对他们的批评教育完全出自老师对他们的爱与关心。适当的时候要给他们一个台阶下，这样他们才能真正地从错误中吸取教训。

还有许多同学性格比较内向，他们不愿意与老师面对面地交流，而是习惯于将他们的想法、困惑用文字表达出来。我把这种文字交流叫作"笔谈"。周记就可以看作是一种"笔谈"。"笔谈"确实也是一种不容忽视的了解学生、传递老师关爱的教育方式。

事例二：周同学先天残疾，从小受歧视，性格孤僻，不信任他人。一开始，我发现她在班级中少言寡语，对班集体活动不很关心，就常找她聊天，询问她的家庭、学习情况，鼓励她不要自卑，投入到集体中去。可每次总是我说得多，她讲得少。几次下来，似乎效果不好。就在我感到困惑的时候，她在周记中写道："老师，我知道你关心我。可你每次找我谈话的时候，我总是很紧张，我希望我们能够通过周记来交流。"

从此以后，我更认真地阅读学生的周记，并且给出详细的批语和回复。通过周记，我确实更多地了解了学生的内心世界，尤其是周同学，她在周记里告诉我，从小到大所有的人都看不起她，她也不相信其他人，更不需要其他人的关心。我也在批语中告诉她：并不是所有的人都歧视她，她应该自信，她也不是为其他人活着的，她应该用自己的成绩来回击那些歧视她的人。知道了她的情况，我也让几个女同学经常关心、帮助周同学。一次周同学由于贫血晕倒在课堂上，好几个同学为照顾她，陪着她，等她父亲来接她，而没能吃上晚饭。事后，我就在她周记的批语中写道："一个人病倒了，却有好几个同学陪伴在她的周围。生活在这样一个集体，是多么幸福的一件事啊！"以后我通过周记告诉她，许多人都希望能帮助她，不要把自己封闭在自己的天地里，放飞自己，让爱

流通，生活就会快乐起来。渐渐地，周同学开朗起来，话多了，笑容多了，班集体活动中她的身影也多了。

适当的交流，让学生体会到老师的关心与爱，是引导学生身心健康发展的关键。班主任应该在班集体建设中付出自己的关心与爱，并让学生实实在在地体会到，感受到。班主任用爱感化所有的学生，所有的学生就会在班集体的建设中奉献出他们的爱。

二、平等合作

随着教育改革的深入发展，班主任工作的要求与作用也发生了改变。班主任不是学生的"老板"，学生也不是班主任的"工人"。如何处理班主任与学生之间的关系，是班集体建设中一个需要好好解决的问题。我认为，班主任应该在与学生的相互合作中体现出平等，体现出爱与关心。

对班主任来说，班级的日常管理是个老大难问题。就拿我班的打扫卫生来说，经常会有部分同学出工不出力，干活马马虎虎。于是我制订班规，试图用"惩罚"的手段来解决这个问题。开始我觉得问题似乎解决了，可渐渐地情况又不行了，甚至有时还不如从前。我找来几个学生，询问他们为什么劳动任务总是不能完成好。尽管说法各异，但最关键的一点还是劳动的时候同学们互相推诿，缺少合作。

后来，我与班委商量，终于想出一个办法：把班里的各项劳动任务尽可能公平地分配给每一个人，作为班主任我也有一份。劳动任务平均分配，每个人包干负责，谁出了问题找谁，想偷懒的同学再不能偷懒了。一到劳动的时候，我和班委先干起活来。看到老师也加入到劳动当中，学生也跟着干起来，所有的学生都会自觉地完成自己的任务，整个班的大扫除又快又好地完成了，以前的卫生死角由于有了专人负责，再也不会出问题了。我们班的打扫卫生难题就这样被解决了。

确实，对班主任来说，在班集体的日常管理中，身先士卒非常重要。班集体的事情不仅仅是学生的事情，也应该是老师的事情。老师和学生都是班集体的成员，都应该为班出力，为班争光。通过师生之间平等的合作，让学生感受到自己在班集体中的重要性，培养学生的集体主义荣誉感，这也是班集体建设中重要的环节。

三、共同提高

一个班只有有了明确的奋斗目标，才能不断进取。因此，班主任总是给学生提出一个又一个目标，让学生不断进步。但是一个班的进步除了学生的进步还应该包括班主任的进步。班主任在班集体的建设中感受学生进步的同时，也应该多多向学生学习，提高自己。

一次举行全年级拔河比赛，由于有事我没有去，而是让体育委员组织同学参加比赛。赛后，同学们纷纷跑到办公室告诉我：我们班得了第三名。看着那一张张满是汗水的笑脸，我心里很开心：这就是我的学生，一群积极向上、团结互助的学生。以前，一些学生对集体活动总是漠不关心，但这一次全班同学都积极参加进来：比赛的拼尽全力，加油的喊声震天。正是有了这种凝聚力，才取得了好成绩。事后，他们也说了一点儿他们的遗憾——我没有去给他们加油。本来我想解释一下，告诉他们我有事才没能去。可是我心里确实有点惭愧，因为我一直教育学生要热爱集体，积极为班集体争光，难道我不是这个班集体中的一员？

学生做到了，可是到头来我这个班主任却没做到。老师这份职业看似平凡但实则责任重大，因为老师的一言一行直接影响着他的学生。要

教育好学生，老师首先要以身作则。老师应当看到学生的长处，找出自己的不足。要让学生明白，老师也是一个平凡的人，师不必贤于弟子，弟子不必不如师。老师自身素质的提高，也会促进学生不断进步，只有这样的老师才能真正教会学生怎样做人。

班集体建设是充满人性与挑战的，值得所有班主任去思考，去探索。让学生能感受老师心底的爱，让老师用心去感受学生的美，让情感在师生之间传递，师生共同提高，共同进步，这样才能打造成团结向上的班集体。

第十二节
对特殊生要爱心＋耐心＋细心

特殊生是指那些或是不守纪律、言行不美、品德欠佳，或是家庭结构异常，或是学习成绩差的学生。他们在一个班级中人数不多，所占的比例较小，但是他们对整个班的影响不可忽视。教育好班里的特殊生，促其积极向上，不仅对形成一个团结、友爱、文明的班集体，对这个班能正常稳定地进行教学，对特殊生本人的健康成长，对整个社会的安定和谐，都有深远的意义。因此，正确对待特殊生，帮助他们进步，促使他们转化，这是班主任工作的一个重要组成部分。在日常教学工作中，我深深感受到特殊生转化工作的重要性、必要性，并认真做好这项工作，从中收获颇多。

一、爱心是特殊生转化工作的基本出发点

首先，爱心是做好教育工作的前提，教师只有怀着对教育事业的热爱，对教育对象的崇高而神圣的爱，才有可能全身心投入到工作中，产出教育成果。对特殊生来说，他们更需要老师倾注一片爱心，去温暖他们的心灵，去感化他们。有的教师往往对特殊生"另眼相看"。有的教师对特殊生的缓慢进步很焦急，"恨铁不成钢"，于是为了促其早日成"钢"，也为了维护班集体的荣誉，这些教师或采取训

斥、写检查的方式，或责令特殊生限期纠正错误，甚至用较重的话语辱骂特殊生，乃至逼特殊生停学，企图逼迫特殊生就范。殊不知，这种成"钢"法，非但不可能使"铁"成"钢"，还有可能使"铁"变成"废渣"。

因为这些教师的言行，不仅直接伤害了特殊生的自信和自尊，而且在特殊生的心灵深处印上了恨的阴影。这种师生间恨对恨的情绪一旦碰撞，即使花很大的力气，教育也是很难奏效的。只有爱才能解开疙瘩，才能消融冰山，才能建立师生之间情与情的交流。要做到这一步，首先就要了解特殊生。了解特殊生，除了要了解他们的年龄、学习状况、性格特点外，还要了解他们的家庭经济状况和他们的父母等家庭成员的情况。了解了这些，我们就能找出恰当的解决问题的方法。

其次，要建立起一种平等的师生关系，融洽师生感情。教师要真心与特殊生交朋友，建立一种亲密的友谊，而不要总是居高临下，处处把自己摆在训导者的位置上。实践证明，师生感情融洽了。学生就自然乐意接受教师的教导。

再次，要理解、信任特殊生，尊重他们。在生活中，每个人都需要得到别人的尊重与信任。特殊生往往有自卑、自暴自弃的心理，他们常缺乏集体荣誉感，对一切事物抱着无所谓的态度。然而，他们又非常渴望班主任能够正确了解和评价自己，并有一种改变自我的强烈愿望。对于这些学生，必须点燃他们自尊的火种，并从多方面关心、帮助他们，给他们以更多的赞许、表扬、鼓励，给他们以信任和委托。发现他们有了错误，不要轻易去揭短，不要当众批评，而要耐心倾听他的看法和想法，这样可以使他们认识到错误，激起他们争取和保持荣誉的意志和行为，促进其对过错行为的认识和改正。

二、耐心是特殊生转化工作的基本条件

首先，特殊生转化工作是一项艰苦而长期的任务。由于特殊生本身的原因，加上周围社会环境的影响，这决定了特殊生转化往往会出现反复，有时甚至反复多次，这就要求我们在教育工作中要有耐心，不能因几次的反复而心烦气躁。要知道，特殊生的转化是一项教育人的工作，而做人的工作就必然涉及人的情绪、情感、意志等多方面因素，同时每个人都必然与社会的各个方面、各种因素发生着联系。因此，这又是一项多角度、多层次的工作，如果因一两次的失败而丧失信心，放弃努力，不仅使自己前面所费的心血会付之东流，甚至会影响到受教育对象的一生。

其次，特殊生转化工作中的耐心，要求我们要逐步创设教育情境，引导学生自我教育，确立不同的阶段目标，循序渐进，而不能要求学生一夜之间彻底觉悟。任何急于求成的想法，都是有害的。所谓自我教育是指一个人自己提出目标，并从内心感到要用实际行动来培养自己的品质，是一个人在道德修养上的自觉能动性的表现。我们在实施转化工作的过程中，要依据每个特殊生的不同情况，因人而异制订阶段目标。最初的目标可以制订得很简单，使得他们稍加努力便可完成。

教师在实施目标战略的过程中，要注意把握好以下两条。

（1）把教育的敏感点放在学生的优点上，激发学生自我教育的责任感。教师引导学生意识到其长处和责任，这样才能使学生树立信心。

（2）要寓理于生动形象的、充满哲理的可感事例当中，激发学生的道德思维和道德荣辱感，唤起学生自我教育的觉悟。

总而言之，耐心是做好这项工作必不可少的条件。

三、细心是特殊生转化工作的精髓

"特殊生"身上并非一无是处，他们身上往往存在着许多的"闪光点"，这就要求班主任要细心，细致观察他们身上的"闪光点"，善于发现他们身上即使十分微弱的"火星"。要善于把这一"火星"燃成"火苗""火团"，从而燃起特殊生进取的热情。因此，班主任要创设教育情境，使他们身上的优点能得到充分发挥，这样不仅能引起老师、同学们的注意，更有利于他们克服自卑和自暴自弃的心理，发扬他们的长处，鼓起勇气，不断进步。

要做到细心，首先要求班主任要"沉下去"，深入到特殊生中间，与他们交朋友，倾听他们的心声，打开他们久闭的心扉。其次要求班主任有一双敏锐的眼睛，要善于从"细微"处见精神，要能够拨开尘雾发现"珍宝"。如果班主任熟视无睹或昏头昏脑，那是看不出什么东西的。要细心发现问题，才能切实解决问题。

特殊生转化工作是一项长期的、艰巨的工作，但如果我们教育工作者有爱心、耐心和细心，那么就一定能为我们的社会主义国家培养出更多的"四有新人"。

第十三节
如何做学生喜欢的老师

一位教师能够获得班里学生的喜爱，并不是因为教师这份职业，而在于他为人的正直、胸怀坦荡、知识渊博、阅历丰富、办事有胆识、处事干练。学生喜爱的是一颗永远真诚、热情、年轻的心。

教师是人类文化的传播者，对人类社会的延续和发展，起着桥梁作用。十七世纪伟大的捷克教育家夸美纽斯曾经说过："我们对国家的贡献，哪里还有比教导青年和教育青年更好，更伟大的呢？"在中国数千年的历史中，你会发现善良的古人历来把"教师"与"天地君亲"并列在一起，视为崇高而神圣的。因为教师是"传道、授业、解惑"的使者。几千年后的今天，当人们把教师当作"人类灵魂的工程师"，称之为"太阳底下最光辉的职业"时，其内涵扩大了，教师还承担塑造人的理想和品德，培养适应社会发展的能力，培养健全的人格的重任。教师面对的也不再是乖乖听话的"小绵羊"，而是在蜜糖里泡大的被家庭宠坏的一代。他们单纯、幼稚、热情活跃、生气勃勃。他们不喜欢"读死书，死读书"的"老古板"，不喜欢讲道理式说教，不喜欢严厉有余、活泼不足的"修道院里的嬷嬷"。他们是幸运的一代，赶上科学技术突飞猛进、社会高速发展的改革时期，因此他们不喜欢像老母鸡呵护小鸡那样小心翼翼的"老阿姨"。那么，他们究竟喜欢什么样的老师呢？他们喜欢的是时刻想着学生，尊重学生，了解学生需要，注意与学生交流感情的老师。

他们喜欢的是对学生真诚、坦荡，能得到学生真心与信赖的老师。

他们喜欢的老师要有丰富的知识面，既晓天文地理，又能谈古论今，能和他们品评球星、影星、歌星，也能不时秀一秀摄影技术。

他们喜欢能言善辩，严肃而不失活泼，庄重而不乏幽默的老师。他们还喜欢……

这就是当代的学生出给老师的考卷。

对此我有亲身的体会，因为我自己就在努力做一个令学生喜爱的老师。举个近年来我作为班主任带过的一个班的故事。这个班里的学生超级喜爱足球，对世界足球明星极为崇拜，他们身上穿着球星代言的服装，书上的空白处总是贴着球星的大头贴，桌子下面放着足球，只要下课铃声一响，他们嘴里唱着足球比赛的劲歌，一溜烟地跑出教室，去追逐他们的足球梦。他们整天谈论足球，想着足球，连上课都忍不住把课桌下的足球轻轻踢一下，两只脚时不时地踢、勾球。整个班充满了对足球的热情，连个别不关心足球的女生，也在旁边当起了忠实的听众。一天早上我一来到教室就听见几个班里球迷说："我们中国队不行！"另外几个球迷说："中国队只是暂时不行，以后会在足球上领先的！"于是两边各抒己见，争论不休，连上课铃响了他们都没注意。

我被学生们纯真的热情深深地打动了，不忍心斥责，想着得设法引导，走进他们的世界里。俗话说得好：知己知彼，百战不殆。我们除了了解自己，还要去了解我们的教育对象。于是，我开始学习足球知识，了解一些比赛规则，搞清足球强国和世界著名的球星，坚持看足球比赛。这样一段时间后，我也能参与到他们"侃足球"的谈话，还发表自己的一些见解。这样跟学生套"近乎"，再晓之以理，动之以情，让学生自己在八分钟自主活动中设立一个一分钟发布会，让学生上来说他们喜欢说的、爱说的。八分钟在不知不觉中过去了，学生该说的也说了，结果有效地控制了他们的足球狂热。

　　这件事使我班的学生发现，他们的班主任并不是那种整天不苟言笑，光会谈学习上的事，而是与他们有共同语言，能理解他们。我还给他们讲一些他们从未经历过但十分感兴趣的事，让他们了解一下世界各地风俗民情，了解一下自然常识，让他们受到科学启发和思想教育。

　　因为我走进了学生的内心世界，与学生建立了亦师亦友的和谐师生关系，学生把我当成他们最喜爱的老师。这样寓教于乐，何乐而不为？愿天下所有教师都能成为学生喜爱的好老师。

第十四节
当好网络时代的班主任

在网络时代里,班主任必须及时了解学生的上网行为,切实掌握学生的上网动态,阻止学生到网吧打网络游戏。与此同时,班主任要充分了解学生的思想动态,掌握其打网络游戏的原因,利用多种方法和途径转移学生对网络游戏的兴趣,使其把精力放到学习上来。

上网冲浪对今天的孩子来说已是司空见惯。图片、声音、动画组成的网络世界让今天的孩子不再"一心只读圣贤书,两耳不闻窗外事"。鼠标轻轻一点,缤纷的虚拟世界就在眼前尽情展现。网络给我们的学习和生活提供极大便利的同时也让许多学生渐渐在网络中迷失方向。好奇心驱使他们极力想探索网络世界的无限精彩,但网络信息复杂多样,往往鱼龙混杂,而处于成长期的学生往往自制力差,判别是非能力较低。假如没有及时、必要的上网引导,他们难免沉迷其中,难以自拔,从而影响学习,甚至走上犯罪道路。近几年此类事件频频见诸媒体就很好地印证了这一点。网络时代怎么当好班主任,是值得每一位教师思考和探索的问题。

一、做学生思想的交流者

随着生活节奏的加快,人与人之间缺乏相应的思想交流,师生之间的交流也特别少。当今的学生大部分是独生子女，或者来自二胎家庭，在家庭生活中缺少同龄人之间的交流，但他们渴望被重视、被关心，心理需求没能得到及时满足。网上聊天、网上交友、网上游戏等为他们提供了广阔的交流、倾诉、抒发情感的自由环境，满足了他们的心理需求，然而这种表面上的情感满足，常常会将他们引上歧路。因此，教师的关怀和引导是非常重要的。

　　学生小吴的父母是商人，忙碌的生意致使他们常常无暇顾及小吴的教育。为了弥补对孩子的关心，父母总是给他特别多的零花钱。有了钱的他渐渐迷上了网上聊天，还多次瞒着父母和网友见面，有一次差点出事。面对这一情况，老师和家长都十分着急，多次批评教育均宣告失败。经过了解，我发现小吴原本是一个思维敏捷、性格开朗、学习成绩相当不错的孩子。那么现在的小吴怎么会如此沉迷于网络聊天？经过面对面的交流，我发现他的生活中没有可以交流的伙伴，他时常感到很孤独，虽然家庭经济条件不错，但长期感受不到父母的关心，而网上聊天的互动性使他找到寄托，虚拟环境中的人对他关心备至，渐渐使其迷上网络聊天，整天想着和网友见面，学习上不再主动要求上进，成绩自然一落千丈。问题的本身不在于网络，而在于使用网络的有思想意识的人。此后，我与小吴多次面对面交流，从他感兴趣的话题聊起，谈他的兴趣爱好，谈他的特长，谈他的理想等，慢慢地谈到了网络的利与弊。我告诉他，我不反对上网，主要看怎样利用网络，怎样做到学、乐相长。小吴听了，脸上露出了微笑，下决心不再沉迷于网上聊天……

　　良好的交流是教育成功的开始，班主任应注重与学生倾心交流，把自己和学生摆在平等的位置上，善于了解学生的内心世界，才能更好地引起思想共鸣，才能更好地对学生进行指导，最终成为学生生活中的良师、互联网上的益友。

二、做学生上网的引路者

网络的隐蔽性和自由性，冲击了人们的责任感，网上的不良信息对青少年的危害特别大。许多学生上网的目的就是打网络游戏。网络游戏作为一个新生事物，一开始就因其华丽的外表、交互式的操作、不断晋级的吸引力使许多青少年着迷。网络游戏成了一种精神鸦片，严重影响着许多学生。特别是一些比较调皮的学生，他们接受新事物能力比较强，有时在同学的劝说下接触网络游戏后，就迷恋上了，还经常交流游戏心得。有的学生在学校里得不到他人肯定，就开始在网络游戏中重新对自我定位，假如游戏打得不错，便觉得是一种自我安慰。此类情况在许多学校里都真实地存在。班主任这时候必须及时站出来，引导学生摆脱网络游戏的诱惑，重新回归到学习中来。对于中高年级学生，可以为他们剖析学习的重要性，说明网络游戏的危害性，使其逐步主动告别网络游戏，正确利用网络来开展网上学习。对于一些"中毒"较深的学生，可引导其尝试操作一些娱乐性较强的网络课件，与网络游戏相似的界面可以让他们学习到新的知识，同时渐渐远离网络游戏。

结语

学生能否摆脱网络的"魔掌"，要看学校、家庭的重视程度。如果学校重视，而家长却对此不予重视，那么班主任的努力也很可能功败垂成。因此，在网络已成为世界发展主流的今天，班主任要有效利用家庭、社会的力量，要用其他适合学生的有趣方式来引导学生合理利用网络资源，而不是一味批评、指责学生沉迷网络。

第十五节
要用"心"适"度"搞好班级工作

班主任工作要想做好，究其根源就是用"心"适"度"。

一、施爱心，控温度

人们常说，爱一个不喜欢的学生才是大爱。可是，班主任如果爱过了头，同样对学生也是一种伤害。我曾接任过一个班的班主任，这个班上有一位特殊生，其父亲终日酗酒，母亲智力不健全，他身上坏习惯也不少。为此，我从各方面去关心爱护他，时常拿些衣物给他，经常和他唠家常，对他的小过错点到为止。大约过了一个月，有科任教师向我诉苦，说这个学生让我宠坏了。真是一语惊醒梦中人，我对这位学生爱的温度是有些过高了，冲昏了他的头脑。从此以后，我又开始对这位学生的爱进行降温：当发现他趾高气扬时，我就及时提醒他还有许多缺点；当他打着我的旗号发号施令时，我马上站出来制止。当班主任调控了爱的温度，就掌控了教育的主动权和方向。

二、持恒心，增韧度

许多班主任对班级管理大都采取刚性措施，各种量化考核花样翻新，

日复一日，年复一年，持之以恒，学生俨然成了分数的奴隶。这种管理墨守成规，故步自封，缺少的是柔度和韧度。如对学生早自习迟到的现象，一定要问明原因，具体问题具体处理，千万不能搞一刀切，使管理脱离实际，不能被学生欣然接受。

三、善专心，拓深度

大多数班主任每日专心致志地管理班级，其敬业精神可嘉，但在管理的深度上始终蜻蜓点水，浅尝辄止，缺少深度，重复昨天的故事。诚然，作为班主任专心管理的做法值得肯定，但深层次管理的能力必须提高上来，以便更好地适应飞速发展的社会环境。这就要转变管理理念，拓宽管理思路，向书本学习，向同行学习，向网络学习。

四、常细心，见精度

有许多班主任的班级管理事无巨细，身体力行，特别细心。这样做的结果是，班主任终日被鸡毛蒜皮小事所累，严重冲击了正常班级管理工作。我认为，班主任要变抓"细"为抓"精"，以滴水见太阳之功管理班级，该放手就放手，把学生自我管理的权力交还给学生。班级管理要在"精细"上下功夫才有出路。

五、秉公心，定尺度

班主任都喜欢自诩对学生的教育管理一视同仁，秉以公心，尤其是在评选班干部和优秀学生方面。但有时班主任的公心缺少制度和尺度依据，大都是班主任的一己之言，学生只能随声附和。因而，班主任要以制度、尺度为公心的代言，班主任无权左右班规和制度。公心尽在班级管理制度中。

六、思苦心，明效度

班主任都有这样的感觉，对学生的教育有时好心得不到回应，学生以怨报德。这就是班主任工作的成效问题。班主任的苦心实际也做了不少无用功，多走了不少弯路。班主任要在"苦"中寻找教育的最佳点，实现"苦"教有所值，"苦"育见高效。从"苦"中解放出来，做一个甜蜜的班主任。

七、勤贴心，保鲜度

对学生的贴心教育，需要的是持之以恒。贴心不是两颗心的简单相贴，而是生命的交融和私语。这一过程是漫长的，只有心的反馈和回应才谓之"贴"。贴心要有新意、新鲜感，才会适应变化无常的学生心理。班主任要时时注入心的保鲜液，教育之树才会常青。班主任的心永远是年轻的，才会滋养学生的心不会枯萎。

八、多赏心，拨亮度

赏识是学生前进的不竭动力。班主任多赏心，就是点燃了心灯，照亮了学生进步的征程。班主任的赏心之灯愈亮，学生就会行走得越自信和越宽广。赏心来自于对学生的细微发现，来自于学生的丁点闪光，点点光亮，燃烧着学生一生的追求。多一分赏心就会给学生多一条开拓的路线，多一分赏心就会给学生增加一次创造奇迹的机会。班主任要高高

举起心灯，让光亮照耀学生勇往直前。

九、育童心，储信度

亲其师，信其道。说起来容易做起来难。一个"亲"字包涵多少内容？亲近学生的童年，感知他们的童心，说他们语言，玩他们游戏，理解他们的欢乐和痛苦。班主任呵护学生的童心，要小心轻放，注意维护，唯有如此才会在学生中有信度。信则立，不信则废，童心可鉴。保持一颗童心，让班主任的信度增值。

十、激野心，创名度

做一个草根式的班主任固然重要，但成为一个知名班主任更是教师一生为之奋斗的目标。班主任要有野心，雄心勃勃地探索班主任工作经验，在实践中反思自己，向同行学习，向大师请教，在网络中资源共享，提升班级管理水平，学会推销自己，以"做一个知名班主任"鞭策自己不放弃，不抛弃！